Bureau du Progrès.

ÉTAT DE LA QUESTION

Par M. DE CORMEMIN.

Préambule.

J'aurais pu avoir, et je n'ai pas voulu avoir
l'honneur de faire la Charte avec les cons-
tituants improvisés de 1830, et le peuple sait
pourquoi ; et je suis trop franc, d'ailleurs,
pour ne pas convenir que je l'eusse faite au-
trement. Mais je suis trop juste aussi pour ne
pas reconnaitre que si la Charte mal entendue et mal appliquée se rapprochait le plus
près possible de ce que souhaitent les absolutistes, la Charte bien entendue et bien appliquée se rapprocherait le plus près possible
de ce que peuvent désirer les démocrates.

Coalitions du centre, de la droite, de la
gauche, ministres blancs, ministres rouges,
députés de toutes couleurs, députation même
que m'importe ? Les principes sont tout pour
moi, et je me soucie bien du reste !

C'est mal poser la question que de dire :
le Roi doit avoir telle ou telle prérogative,
parce qu'abstractivement il est le roi. Car il
n'y a pas, en Europe, deux rois qui se res-

semblent par les attributs de leur puissance et par les formes de leur gouvernement.

Il y a le roi des Turcs qui empale, au bout d'un pieu, ses fortunés Osmanlis, ou qui les coud dans un sac et les envoie, la tête la première, au fond du Bosphore.

Il y a le roi des grands et petits Russes, qui expédierait à cent pieds sous terre ses bien aimés sujets, s'ils faisaient mine d'être libéraux, tant seulement autant que M. Molé.

Il y a le roi des Autrichiens dont le despotisme paternel est tempéré par la schlague et le carcere duro.

Il y a le roi des Prussiens dont le despotisme illustré s'avance vers une constitution, sous l'escorte des établissements provinciaux et sous la savante et libérale impulsion de l'Allemagne du nord.

Il y a le roi des Suédois qui en est encore à ses ordres des paysans et de la noblesse.

Il y a le roi des Danois, autocrate bourgeois, qui se lève de table, sa serviette sous le bras, pour donner audience à des paysans en sabots.

Il y a le roi des Napolitains, qui permet à ses sujets de se coucher au grand soleil, le long des quais de la voluptueuse Parthénope, qui traite le peuple de Sicile en pays conquis et qui daigne amnistier son souverain.

Il y a le roi des Belges, qui joue au jeu des quatre coins, et qui trouve toujours la place prise.

Il y a une reine d'Angleterre qui officie pontificalement et qui se fait servir la messe, qui donne à porter la queue de sa robe à des Ducs et Pairs, qui couronne son front virginal d'un diadème de perles et de rubis, et qu'on sert humblement à genoux, mais qui n'a pas la liberté de choisir elle-même ses femmes de chambre.

Il y a une reine de Portugal qui promène tour-à-tour ses vivats et serments, entre deux chartes, dont l'une sort de je ne sais où, et dont l'autre est de je ne sais qui.

Il y a une reine d'Espagne qui a toujours à son service trois ou quatre Constitutions de rechange, selon que la Révolution, la Camarilla ou l'Etranger domine.

Enfin, il y a un roi des Français qui règne tout uniment, de par la Charte. Mais cela ne suffit pas, à ce qu'il paraît, à certaines gens experts et avisés qui voudraient mieux, qui voudraient un roi surhumain, mandaté du ciel ou excru de lui-même, un roi de pure fantaisie, un roi grandiose et qui confondît dans ses mains victorieuses la double puissance de Napoléon et de Louis XIV. Nous avons à faire, comme on le voit, à des gens de beaucoup d'imagination.

Tantôt ils disent qu'il ne faut pas que le Roi rende son épée, comme s'il avait jamais à la rendre, puisqu'il n'a jamais à la prendre; tantôt ils prétendent que lorsque la Royauté semet de la partie avec la Pairie, la Chambre des Députés doit céder, attendu qu'alors on se trouve deux contre un, et que c'est là ce qui fait la majorité. Tantôt ils insinuent que les Electeurs sont de surcroit et que les choses n'en iraient que mieux si l'on pouvait se passer de Chambre, et il est certain, je suis de leur avis, qu'elles iraient plutôt au but où l'on vise ; tantôt enfin, ils soutiennent éperduement que le Roi sait tout et qu'il peut tout, ce qui reviendrait à dire qu'il saurait tout ce qui peut leur être agréable et qu'il serait de capacité à pouvoir leur donner tout ce qu'ils désirent. Il n'est sorte de prérogatives folles que ces ambitieux ne forgent, de rêves dorés que ces cupides ne poursuivent, de chambre servile que ces flatteurs de la cour, de la police et du cabinet, ne mettent aux pieds des ministres. Il semblerait, en vérité, que l'origine de nos pouvoirs politiques se perde dans la nuit des temps, comme s'ils n'étaient pas nés d'hier, comme si nous ne les avions pas vu sortir de dessous les pavés des barricades, et comme si la Charte n'assignait pas à chacun d'eux, avec autant de clarté que de précision, son étendue et ses limites.

Au peuple la souveraineté, au Roi le trône, aux Électeurs du pays la Chambre, à la Chambre le pouvoir, aux Ministres le gouvernement.

Voilà le programme de la Charte.

ÉTAT DE LA QUESTION.

§

La Souveraineté est universelle, indivisible et impérissable. Elle ne peut pas se discuter, parcequ'il n'y a point à discuter là où il n'y a point à contredire. Elle ne peut pas s'abdiquer au profit d'une personne, parcequ'en dehors de tous il n'y a personne. Elle ne peut pas se prescrire par quelque pouvoir que ce puisse être. Elle ne peut pas s'aliéner, même pour une partie. Elle ne peut pas se communiquer, même pour un temps. Elle appartient à la nation, à toute la nation, sans mesure et sans bornes. Le gouvernement, quelqu'il soit, monarchique ou républicain, n'est et ne peut-être qu'une apparence, un mode, une forme, qui n'altère pas l'essence et la pérennité de la souveraineté nationale. Le chef du gouvernement, quel qu'il soit, roi ou président, n'est et ne peut-être que le préposé de la nation. L'apparence, le mode, la forme change, la souveraineté subsiste. Les dynasties passent, mais les peuples ne meurent point. La nation avant tout, la nation après tout, la nation toujours.

Le peuple Français n'est qu'un atôme devant la majesté de Dieu. Mais le Roi n'est qu'un atôme non plus devant la majesté du peuple Français.

La souveraineté du peuple Français est aussi haute que l'aigle qui plane dans les nues, aussi nombreuse que les trente-trois millions d'habitans qui remplissent nos villes et nos campagnes, aussi étendue que ce pays guerrier, industriel et fertile, baigné par les eaux du Rhin et de l'Océan, et surmonté par les Alpes et les Pyrénées.

La souveraineté du peuple Français est le principe fondamental de la Charte.

Voici maintenant les trois agens de ce principe, le Roi, la Chambre, les Ministres.

La Charte a fait au roi constitutionnel une part immense.

Elle lui a conféré cette inviolabilité sacrée que n'ont pas même les rois absolus et qui semble ne pouvoir appartenir qu'aux purs esprits, qu'à Dieu.

Elle lui a octroyé l'hérédité, à lui et à sa race, l'hérédité du plus beau royaume de la terre.

Elle lui a donné le droit de faire grace, le plus sublime attribut que l'homme puisse recevoir de l'homme.

Elle lui a permis de prendre les ministres où, quand et tant qu'il veut;

Elle a mis son nom en tête et au bas des lois et ordonnances, sur le front des monumens. sur les lettres de créance des ambassadeurs, sur les mandemens des tribunaux, sur les monnaies du pays et sur les drapeaux de l'armée.

Elle l'a associé à la législature par le choix des ministres, par l'initiative, la sanction et la promulgation des lois, par la nomination illimitée des pairs, par la convocation des collèges électoraux et par la dissolution de la Chambre des députés;

Elle l'a logé, lui et sa famille, dans douze palais presque aussi grands que des cités, tout éblouissans des merveilles de l'industrie et de la pompe des arts, et environnés de vastes forêts ou de jardins magnifiques;

Elle l'a doté et gratifié d'un revenu si énorme qu'il suffirait à nourrir cinquante mille hommes, puisqu'il lui donne à dépenser cinquante mille francs par jour.

Mais la Charte eût été sans prévoyance si, à ces prérogatives qui soulevaient tout l'empire, elle n'eût pas attaché des contre-poids.

Ainsi, elle a voulu que le Roi ne pût faire un pas de roi, un geste extérieur de roi, un

acte de roi, sans qu'un ministre, son insépa-
rable tuteur, ne se tint à ses côtés toujours
prêt à le couvrir et toujours prêt à répon-
dre.

S'il veut parler à la Chambre, ce sont les
ministres qui rédigent son discours et qui
sont là pour le contrôler lorsqu'il le prononce, et pour qu'il n'y soit pas changé une
seule syllabe.

S'il dit: J'ai administré, j'ai gouverné, j'ai
combattu, j'ai traité, on sait que cela veut
dire: Mes ministres ont administré, ont gouverné, ont combattu, ont traité, et laissant
là de côté le Roi, on leur répond en conséquence, et on les met, s'il y a lieu, en accusation pour avoir mal administré, mal gouverné, mal combattu, mal traité.

Si les ambassadeurs du roi signent quelque
convention avec les autres Puissances, la
France n'est liée que par l'autorisation ou la
ratification du Ministre des affaires étrangères.

Si un général d'armée veut assiéger une
ville ou donner bataille, il ne prend pas les
ordres personnels du Roi, mais les ordres du
Ministre de la guerre.

Si l'on demande aux chambres des listes
civiles, des apanages, des budgets, c'est le
Ministre des finances.

Si l'on veut nommer des pairs, c'est le président du Conseil des Ministres.

Si l'on convoque les colléges électoraux,

et s i l'on dissout la Chambre des députés, c'es^t le Ministre de l'intérieur.

Si l'on envoie à un amiral des lettres d'expédition, c'est le Ministre de la marine.

Si l'on règle l'ordre des études et les conditions du stage, c'est le Ministre de l'instruction publique.

Si l'on frappe comme d'abus l'acte d'un évêque, c'est le Ministre des cultes.

Le Roi peut choisir ses ministres partout, pourvu qu'il ne les prenne ni dans la minorité de droite, ni dans la minorité de gauche, mais dans la majorité, et que leurs doctrines conviennent à la majorité et leur figure aussi, et qu'elle dise au roi : c'est bien.!

Le Roi est la source de toute justice. Mais si le roi s'avisait de faire de son palais un prétoire, et de rendre lui-même le moindre jugement en matière commerciale, civile. correctionnelle ou de police, ce jugement serait à l'instant cassé par la Cour de cassation, pour excès de pouvoir.

Le Roi est le chef suprême de l'Etat. Mais il n'a pas la puissance d'appeler de sa fenêtre un passant, de s'enfermer secrètement avec lui dans son auguste cabinet, et de lui dire en lui donnant une poignée de main : je vous fais garde-champêtre.

Le Roi peut nommer les pairs. Mais une institution de pairie, intitulée, écrite, signée et paraphée de la main du Roi, et scellée par lui du sceau de ses armes , n'obtiendrait pas même au palais du Luxembourg l'honneur d'une vérification en Chancellerie.

Le roi a le droit de faire grâce. Mais il ne pourrait empêcher son meilleur ami , condamné à mort, de marcher à l'échafaud, si le contre-seing d'un ministre ne se lisait pas au bas des lettres de grâce.

Le Roi commande à la force armée. Mais si un gendarme mettait la main sur moi , en vertu d'un ordre du Roi , non contre-signé d'un ministre , je lui brûlerais la cervelle et je serais acquitté par les jurés ; car je n'aurais fait qu'user de mon droit de légitime défense contre un acte de tyrannie.

Nomination de juges , d'officiers , de préfets, de receveurs , choix de Pairs , arrêts du Conseil, administration, grâce de coupables, octroi de titres , décorations et pensions, levées d'hommes, levées d'impôts, discours du trône , traités diplomatiques, ordonnances , lois , réglemens , convocation de collèges , dissolution de chambre , un roi constitution - nel peut tout cela avec les ministres. Il ne peut rien de tout cela , absolument rien sans eux.

La Royauté n'a été placée par la Charte dans une région éthérée , au-dessus de la foudre et des éclairs, qu'à condition de ne pas mettre le pied dans les orages.

Mais le perpétuel sophisme des absolutistes

est de prétendre, en thèse générale , que les peuples sont faits pour les rois , tandis que c'est au contraire les rois qui sont faits pour les peuples ; et, en thèse particulière, que le roi des Français possède la plénitude et les réalités de la représentation nationale , tandis que la Charte a établi que la Nation serait représentée par la Chambre élective , qu'elle serait servie par des Ministres responsables , et que le Monarque se contenterait de régner.

Au contraire , la chose du monde la plus arbitraire, la plus despotique, la plus impolitique, la plus incompréhensible , la plus irrationnelle, la plus dégradante , la plus impie , la plus monstrueuse , la plus folle, la chose qu'on ne voit pas même en Turquie , serait un roi inviolable qui personnellement gouvernerait , car vous n'êtes inviolable que parce que vous êtes impeccable , et vous n'êtes impeccable que parce que vous ne pouvez rien faire ; que si vous pouviez faire , vous pourriez mal faire ; que si vous pouviez mal faire, vous seriez peccable ; que si vous étiez peccable , vous seriez responsable , et que si vous étiez responsable , vous pourriez être violé.

Cela est-il clair , moral et logique ? Oui. Cela est-il établi quelque part ? Oui, dans la Charte, dans la Charte jurée.

Où donc alors, dira-t-on, le Pouvoir est-il constitutionnellement placé ? Où ? Dans la Chambre des Députés. Pourquoi ? Parce que la Chambre des députés est élective et indépendante. C'est parce qu'elle est élective, qu'elle tire le pouvoir de sa source, de la souveraineté nationale. C'est parce qu'elle est indépendante, qu'elle l'assure dans ses mains.

Si je ne fais pas compte ici de la Chambre des pairs, c'est qu'elle est plutôt une cour de justice qé'une législature, une décoration de la Charte qu'une indispensabilité; c'est qu'elle a elle-même la conscience invincible de sa nullité politique; c'est qu'elle vit au jour le jour, non de sa vie propre, mais d'une vie communiquée ; c'est qu'elle ne peut marcher où elle voudrait avec des jambes d'emprunt , c'est qu'il ne dépend pas d'elle que sa majorité d'aujourd'hui soit sa majorité de demain, c'est qu'elle n'est pas un secours à la liberté, car elle ne sort pas de l'élection ; c'est qu'elle n'est pas un obstacle au ministère, car il a raison d'elle quand il veut. Si on l'aime mieux décrépite, on la laisse se traîner sur ses genoux. Si l'on veut la rajeunir, on transfuse dansses veines du nouveau sang de pair. Les ministres n'ont pas même à s'emporter avec la Pairie à de telles extrémités ; ils ont plutôt à bénir qu'à maudire le fruit de leurs entrailles, et il est rare qu'ils lui administrent le remède paternel de la fournée.

Le vice capital de la Pairie est d'être impuissante pour responsabiliser les ministres. Aussi, les ministres qui sentent cette impuissance, ne s'occupent-ils guère de ce que peut vouloir ou ne pas vouloir la Pairie, et le Pays non plus.

Il n'en est pas de même de la Chambre des députés. On peut concevoir une monarchie représentative sans Chambre des pairs ; on ne pourrait la concevoir sans Chambre des députés. Avec des députés nationaux, cette Chambre serait tout ; avec des députés privilégiés, elle est déjà beaucoup, elle est presque tout.

Il y a des conséquences qui sortent forcément de leur principe. Il y a des choses qui sont, parce qu'il est impossible qu'elles ne soient pas. Une Chambre nommée par les contribuables, qui vote annuellement lois, hommes, argent, sera toujours, quoi qu'on dise et quoi qu'on fasse, omnipotente ; car elle tient entre ses mains, par la menace éventuelle et pendante du refus de l'impôt, tous les services généraux, la marine, l'armée, la dette publique, et jusqu'à la liste civile.

On peut la dissoudre une fois, c'est une mesure grave ; une seconde fois, c'est un coup d'état; une troisième fois, c'est une ré-volution.

Cédez, la Chambre l'emporte ; ne cédez pas, la Nation, par l'organe de ses électeurs, s'informe et prononce, et si la Nation renvoie la même Chambre, le Roi se rend. Ainsi, en fin de compte, si veut la Nation si veut la Chambre, si veut la Chambre si veut le Roi, et c'est justice! car enfin, la Chambre c'est la Nation, et la Nation est le Souverain.

D'après la Charte, le trône est héréditaire, mais le pouvoir ne l'est pas.

La Nation ne fait pas elle-même les lois, mais elle fait la Chambre qui fait les lois.

La Chambre n'administre pas, mais elle fait les ministres qui administrent.

La Chambre n'a ni la souveraineté qui est au Peuple, ni le règne qui est au Roi, ni l'exécution qui est aux Ministres, mais elle a le pouvoir.

§

A leur tour, les Ministres n'ont ni le règne ni le pouvoir, mais ils ont le gouvernement.

Ce n'est pas celui qui signe qui véritablement gouverne, c'est celui qui contresigne. Or, celui qui contre-signe est le ministre. Ce n'était pas l'idole qu'on adorait à genoux qui rendait les oracles, c'était le prêtre caché dans le creux de l'idole.

Les Ministres ont donc les réalités du gouvernemeut dont le Roi n'a que les honneurs ; mais ils couvrent le Roi, ou plutôt ils ne couvrent que leurs propres actes. Or, la moralité de leur responsabilité veut qu'ils soient libres. La vérité de leur responsabilité veut qu'ils sortent, pour exprimer sa volonté, de la majorité parlementaire.

La conséquence de l'inviolabilité du Roi, c'est qu'il ne peut rien. La conséquence de la responsabilité des Ministres, c'est qu'ils peuvent tout.

Etre libre de ne pas faire ce que le Roi personnellement veut et de faire ce qu'on veut que le Roi fasse, c'est être tout, et les Ministres abuseraient de cette excessive puissance, si elle n'était bornée du côté du Roi par la révocation, et du côté de la Chambre par la mise en accusation et surtout par le refus de concours.

Chose assez singulière ! Sous une République, avec un président responsable, le gouvernement est le fait d'un seul. Sous une Monarchie, avec des ministres responsables, le gouvernement est le fait de plusieurs; Van Buren est, dans la commune acception, plus véritablement roi que Louis-Philippe. Mais Van Buren n'est pas inviolable.

Gouverner, c'est le droit et le devoir des ministres, et cette action de leur part est si nécessaire qu'il serait plus facile de concevoir.

pour un temps du moins, des ministres sérieusement responsables sans roi, qu'un monarque constitutionnel sans ministres sérieument responsables.

Un monarque inviolable peut être impunément enfant, décrépit, femme ou fou;
mais un ministre ne peut être impunément à
la mamelle, décrépit, femme ou fou; c'est
que l'un ne répond de rien et que l'autre répond de tout.

Il en répond devant le pays. Le pays! il
est le commencement et il est la fin de la
politique. C'est de lui que tout part, c'est à
lui que tout revient.

La souveraineté du pays se traduit pratiquement par la majorité des électeurs, la
majorité des électeurs par la majorité de la
Chambre, la majorité de la Chambre par
les ministres de cette majorité.

Donc, la dernière expression de la souveraineté du pays est, d'après la Charte, le gouvernement parlementaire.

Donc aussi, plus les députés sortiront de la
majorité de la nation, plus l'on se rapprochera, en droit et en fait, du principe fondamental de la Charte. Plus enfin les ministres seront liés, unis et incorporés avec la
majorité de la Chambre, plus le gouvernement
représentatif aura de vérité, de ressort, d'indépendance et d'homogénéité.

Il faut le dire, il faut le répéter, il faut le
crier sur les toits, et j'en appelle ici à ceux

qui firent la Charte, un roi inviolable et héréditaire n'était acceptable par des hommes libres et sérieux, qu'à ces conditions-là.

Est-ce à dire qu'une majorité parlementaire n'abuse pas quelquefois de son omnipotence et ne fasse point de sottises ? Non, mais sottises pour sottises, il vaut mieux encore pour le pays, avoir à subir celles des hommes du pays que celles des hommes de la cour. Les hommes du pays ont ces cinq avantages sur les hommes de la cour, qu'ils sont plus indépendants, qu'ils ne se trompent pas aussi souvent, qu'ils coûtent moins au budget, qu'ils n'ont pas de pensée immuable, et qu'ils sont du pays.

Il n'y a personne maintenant qui ne puisse reconnaître et dire, d'après ce qui précède et la Charte à la main, quand le gouvernement représentatif se trouve dans le faux et quand il se trouve dans le vrai.

Le gouvernement de la Charte se trouverait dans le faux, si le monarque irresponsable pouvait imposer aux ministres responsables les fantaisies de sa volonté personnelle.

S'il pouvait traiter directement avec les chancelleries des cabinets étrangers par courriers, par télégraphes, notes et dépêches occultes.

Si tous les mystères d'État n'étaient pas répandus ouvertement sur la table du conseil des ministres.

Si, au lieu d'être des ministres, les con
seillers de la couronne n'étaient que des se
crétaires des commandements.

Si, au lieu d'avoir un système propre et do
minant, ils n'avaient qu'un système d'emprun
et de très-humble et très-obéissant serviteur

Si, au lieu de tourner leurs regards vers l
nation, ils les tournaient vers la cour.

Si, au lieu de se retirer devant la majorité,
ils cherchaient à l'intimider par la peur, à la
corrompre par la faveur, à la surprendre
par la ruse, à la rompre par la dissolution.

S'ils ne songeaient qu'à l'intérêt des cama-
rillaires de leurs propres créatures, au lieu
d'avoir constamment en vue l'intérêt, les
droits, le bonheur et la gloire du peuple
Français.

S'ils agissaient dans les élections par dons,
promesses, grâces locales et individuelles,
fraudes, menaces et destitutions, au lieu de
consulter l'opinion pour lui obéir.

Si les électeurs, encore plus corrompus ou
plus inintelligents, n'expédiaient en Chambre
que des garçons de bureau, des coqs de pa-
roisse, des écuyers cavalcadours, et des fauteurs d'une sorte de gouvernocratie personnelle, au lieu d'envoyer des hommes virils,
économes, indépendants et purs.

Si la Chambre remplie, bondée, gorgée,
regorgée de fonctionnaires publics, exploitait
le budget comme une mine d'or pour en tirer

des lingots, au lieu de laisser aux contribuables le plus d'argent possible qui n'est jamais
mieux placé que dans leurs poches.

Si elle oubliait que, comme tous les despo-
tismes, toutes les libertés sont solidaires; si
l'orgueil du nom français ne remplissait pas
toute son âme; si l'éclat de nos victoires ne
sonnait pas à son oreille les marches triom-
phales d'Austerlitz et d'Iéna, si elle se repliait
sous l'aile de la peur en face d'un Prussien,

Si, passant des tremblemens du vote secret
aux témérités de l'omnipotence, elle se mê-
lait de juger au lieu de voter, de gouverner
elle même, au lieu de contrôler le gouvernement, de se coaliser au lieu de s'unir, et d'as-
servir les ministres au lieu de leur laisser la liberté morale et responsable de leurs actions.

Le Gouvernement de la Charte se trouverait au contraire dans le vrai, si les députés
fonctionnaires ne voulaient pas cumuler.
malgré leur radicale incompatibilité, les honneurs législatifs avec les bénéfices de l'exé-
cutif; si les gens de cour se contentaient de
rester chez eux, à thésauriser de bonnes piles
d'écus, à parader, à caracoler, à danser, à
chanter, à bien manger et à bien boire; si
l'on n'employait l'or du budget, amassé par
tant de sueurs et de larmes, qu'à la défense
de l'État, à la protection de l'agriculture et
du commerce, à la splendeur des arts, à des
dépenses populaires et productives, et au

soulagement des pauvres, si, toute affaire
cessante, on s'occupait jour et nuit, dans les
Ministères et dans les Chambres, à procurer
aux travailleurs le bien-être, l'instruction et
le droit; si l'on ne semait pas la corruption
pour recueillir l'égoïsme; si l'on n'assoupis-
sait pas jusqu'à la léthargie, si l'on ne dessé-
chait pas, si l'on ne matérialisait pas une
société naguère si sensible, si fière, si cheva-
leresque, si glorieuse, mais dont le cœur
ossifié ne palpite plus maintenant aux noms
chers, aux noms sacrés de liberté et de patrie;
si l'on n'étalait pas, avec de risibles jactances,
les oripeaux d'une paix à tout prix, haute de
verbe envers les petits, humble envers les
forts, rouge de honte, retirée du pied, la
pointe de l'épée en bas, imprévoyante, trem-
bleuse et recoquillée en son coin; si pour
plaire, si pour revenir aux traditions de l'antique monarchie, l'on ne violait pas dans la
marine et dans l'armée la loi d'égalité: si
pour plaire, si pour revenir aux traditions de
l'antique monarchie, l'on ne songeait pas
encore, et nous le savons, à reproposer des
apanages immobiliers; si pour plaire, si pour
revenir aux traditions de l'antique monarchie, l'on ne rêvait pas de s'arranger un tout
petit gouvernement d'antichambre, complai-
sant, discret et soigné, en dehors du gouvernement national et parlementaire; si les huit
entrepreneurs de dissolution se coalisaient,

non pas pour la sainte garde de leurs portefeuilles, mais pour la grandeur de l'empire
et l'union de tous les citoyens; si la liberté
du jury n'était pas altérée par le triage des
préfets; si la liberté individuelle n'était pas
garottée par les liens de la prévention; si la
liberté des cultes n'était pas interdite par les
fermetures de la police, si la liberté de dis-
cussion n'était pas enchaînée par les lois de
septembre; si tous les contribuables étaient
appelés à nommer, ce qui est bien juste pourtant, les députés qui doivent contrôler l'emploi qu'on fait de leur argent; enfin si les
ministres n'allaient pas prendre, pour les affaires du dedans, le mot d'ordre de la Cour,
et pour les affaires du dehors, le mot d'ordre
de la Sainte-Alliance.

En résumé, à toute la Nation la souveraineté; à la majorité des Electeurs universels
la nomination de la Chambre; à la Chambre
l'omnipotence constitutionnelle; au Roi les
honneurs du trône, la représentation extérieure, la suprématie nominale, l'hérédité
et l'inviolabilité; aux Ministres responsables
le gouvernement.

La France veut le gouvernement du pays
par le pays; la Cour veut le gouvernement
personnel du roi.

Au bout de l'un se trouve l'ordre et la liberté; au bout de l'autre, une révolution.

Voilà l'état de la question.

M. ODILON BARROT,

A SES CO-ÉLECTEURS DE CHAUNY.

Messieurs,

Maintenir nos institutions dans toute leur sincérité, défendre le droit commun contre ces mesures de circonstance qui, au nom d'une prétendue nécessité, compromettent l'avenir dans l'intérêt d'un moment; surveiller et arrêter ces déviations qui éloignent notre gouvernement de Juillet de son origine et par conséquent de son principe de force, de ses garanties de durée, telle est la conduite que j'ai invariablement tenue pendant tout le temps que j'ai eu l'honneur de siéger dans la chambre. C'est vous, Messieurs, qui m'avez soutenu, fortifié dans cette ligne de fermeté et de modération par vos nombreux témoignages de confiance. Vous n'avez pas plus changé que moi; ce n'est pas lorsque la constance de nos convictions a désarmé tant de préventions et forcé l'estime de mes adversaires eux-mêmes, que je commencerai à douter de mes amis. Je suis heureux qu'une telle situation me permette de ne vous entretenir que des intérêts de notre pays.

La dissolution inattendue qui vient de frapper la chambre des députés révèle une perturbation profonde dans les pouvoirs de l'état ; elle nous fait franchir ces situations intermédiaires qu'un gouvernement sage et
clairvoyant a tant d'intérêt à réserver ; elle
nous place tout à coup en face d'une situation extrème qui a ses dangers pour tous ,
vainqueurs ou vaincus.

Jusqu'à ce jour ce n'étaient que les ministres et les ministères qui s'usaient avec une
rapidité effrayante dans ce mouvement de
notre machine politique. Aujourd'hui ce sont
les chambres qui viennent s'y briser à leur
tour. Deux chambres dissoutes en quinze mois
par un même ministère , la première pour
donner au cabinet les conditions de vie qu'il
n'avait pas en naissant , la seconde pour la
sauver d'un suicide , ce n'est certes pas là le
jeu régulier de nos institutions , c'est un
grave désordre. Quelle en est la cause ? à qui
en revient la responsabilité ? quel peut en être
le remède.

Que le ministère s'efforce d'effrayer par de
vaines terreurs ceux qu'il ne peut séduire ;
que, dans ses mille et mille pamphlets alimentés par les fonds secrets , il reproduise
sa fantasmagorie de guerre, de république ,
de révolution et de contre-révolution ; qu'il
y ajoute pour la circonstance le fantôme effrayant de la coalition , des alliances mons

rueuses, il n'abusera que ceux qui voudront bien se laisser abuser.

Une guerre européenne aurait de trop funestes et de trop universelles conséquences pour qu'elle éclate jamais sans une nécessité absolue. Cette nécessité n'est pas dans la situation, dût même le ministère actuel être remplacé par un cabinet qui se montrerait plus jaloux de notre dignité nationale. C'est le sentiment profond de tous les gouvernemens, c'est peut être plus encore celui de tous les peuples. Nous avons sans doute amèrement regretté les imprudentes concessions de notre diplomatie en Espagne, en Italie, en Belgique; nous avons blâmé ses procédés violens envers la Suisse, ainsi que l'abandon de nos alliances naturelles; mais qui s'est avisé dans les chambres, hors des chambres, de reprocher au gouvernement de n'avoir pas fait la guerre, ou même de n'en avoir pas fait la menace? Personne. La guerre, elle ne pourra jamais sortir que d'un excès d'humiliation pour la France. Une politique franche et élevée, en rassurant nos alliés, en imposant à nos adversaires, loin d'être un danger, sera toujours un moyen de force et une garantie de paix. Les craintes répandues par les partisans du ministère ne sont pas sincères. Ils savent bien comme nous qu'il n'y a pas de danger de guerre; l'armée rassemblée avec appareil sur nos frontières ne pèsera, soyez-en sûrs, que sur le budget de nos dépenses. Je m'en félicite, car la guerre serait pour la liberté une bien dangereuse épreuve en cas de revers, plus dangereuse encore en cas de succès.

A l'intérieur, les partis n'ont pas seulement désarmé, ils se décomposent. Vous voyez d'un côté des républicains convertis et des légitimistes ralliés, et ce ne sont pas les auxiliaires les moins ardens du ministère ; d'autres se fondent dans le jeu de nos institutions et, en les pratiquant, finiront peut-être par s'y attacher. C'est là le moyen le plus honorable et le plus sûr de les convertir. Bien peu réservent encore leurs ressentimens et des espérances de subversion.

Quant à cette prétendue coalition dont on effraie tous les matins vos imaginations, le fait qu'on qualifie ainsi n'est qu'un des accidens les plus vulgaires, les plus inévitables du gouvernement représentatif Des opinions naguère dissidentes se sont réunies pour se plaindre de la corruption intérieure, de l'abaissement et de l'imprévoyance de notre politique extérieure. Ils ont dit tout haut ce qu'une grande partie de leurs adversaires dit tout bas. S'ils ont menti à leurs convictions, s'ils ont blessé la conscience publique, flétrissez-les, non pour les moyens, mais pour le but. non parce qu'ils se sont réunis mais parce qu'ils ont menti.

La chance serait trop belle pour les gouvernemens corrupteurs, lorsqu'ils ont tant de moyens de rallier autour d'eux une masse compacte d'intérèts , s'ils ne devaient jamais avoir en face et pour adversaires que les opinions fractionnées auxquelles il serait défendu , sous peine d'encourir l'indignation publique , de se réunir dans un vote commun. Nous ne sommes plus ni assez jeunes ni assez inexpérimentés dans la vie politique, pour nous étonner et nous indigner d'un incident aussi ordinaire.

Les vicissitudes de la lutte politique divisent et rapprochent tour à tour les partis. Le gouvernement ne s'est pas plaint de leurs divisions , cela se conçoit ; il se plaint de leur rapprochement, et je le conçois encore. Mais, je le demande, ce rapprochement, la fusion même de la gauche et du centre-gauche, dont l'origine est la même, qui tendent au même but, serait-ell déonc un bien grand malheur, un danger bien redoutable? Ce danger ne serait pas du moins pour les institutions.

Je le dis avec une profonde conviction, au dehors comme au dedans, le gouvernement n'est menacé que par lui-même, il n'a à se défendre que de ses propres fautes ; la crise dans laquelle il se débat ne provient elle-même que de sa résistance obstinée à la plus impérieuse des nécessités du système représentatif.

La restauration disait en 1830 à la représentation nationale : Votez sur les lois et non sur les ministres ; car le roi a le droit de choisir ses ministres, et leur refuser votre concours, c'est violer la prérogative royale. C'est de la révolte ! — La chambre maintint son droit parlementaire, le roi ses ministres, vous savez ce qu'il en advint.

Eh bien ! malgré la grande leçon de la révolution de 1830, voilà que ce même conflit se reproduit.

Des ministres se sont rencontrés qui, par un ensemble de mesures repoussées par la chambre des députés aux acclamations du pays, ne pouvaient plus se trouver en rapports de confiance avec elle. Ils ont prétendu survitre à leurs propres actes. Pour couvrir ce vice de leur origine, ils ont dissous une première chambre. Leur situation s'est aggravée devant la nouvelle législature, plus antipathique encore à leurs antécédens. Les échecs les plus éclatans n'ont pas suffi pour les avertir ; et lorsqu'après une longue agonie ils ont vu que le pouvoir allait leur échapper, au lieu de le résigner dans l'intérêt même de leur dignité personnelle, ils ne se sont plus efforcés que de le rendre impossible à des successeurs. Enfin, après quinze jours de solennels débats, dans un mouvement désespéré, s'abritant derrière la couronne, lorsqu'ils devaient la couvrir, ils n'ont pas craint de la poser en quelque sorte sur la tribune et de défier la chambre.

Ce n'est pas tout, et comme s'il n'avait pas suffi que le plus tutélaire de nos principes constitutionnels eût été ainsi compromis dans le parlement, ces mêmes ministres, après avoir donné leur démission , avoir proclamé partout qu'elle était définitive, avoir pris pour une injure personnelle le simple soupçon qu'elle ne le fut pas, ressaisissent le pouvoir sans qu'aucune nécessité nouvelle explique cette brusque résolution , et dissolvent la chambre. Ils font l'acte le plus exorbitant, le plus dangereux , celui qui nécessite à un plus haut degré dans le ministère qui en prend la responsabilité une plénitude de vie, de force et d'avenir ; ils le font après avoir par leur retraite fait disparaître jusqu'à l'apparence de tout pouvoir intermédiaire ; ils le font dans un état de démission au moins moral. Ce n'est pas eux, c'est la couronne qu'ils mettent ainsi en présence du pays. Pour que personne n'en ignore, ils publient dans tous leurs manifestes que la lutte est entre le roi et le parlement. *Le roi cédera*, disent-ils. Imprudens!!! La monarchie a-t-elle donc conservé trop de prestiges en France ? Faut-il que vous l'exposiez encore aux chances d'une défaite ?

C'est pour des ministres qui ont fait naître de tels périls, soit par une coupable condescendance , soit par une aveugle obstination, que deux chambres ont été sacrifiées en quelques mois. C'est pour conserver de tels conseillers que la couronne s'engage dans une lutte imprudente, que les esprits sont jetés dans l'anxiété, que les plus grands intérêts sont compromis, l'administration bouleversée, les plus vieux dévouemens brisés, flétris sans respect pour l'indépendance du député et de l'électeur, que les hommes les plus considérables, des hommes nécessaires hier, inévitables peut-être demain, sont mis au ban de la nation comme de vils intrigans, comme des provocateurs de guerre, comme des fauteurs de sédition. En vérité ce n'est pas là de la politique sage et prévoyante, ce n'est même pas une lutte de partis décente et loyale, c'est du délire; et si le pays ne se montrait pas dans cette circonstance plus sage que son gouvernement, s'il acceptait la question telle que le gouvernement la lui pose, s'il ne s'obstinait pas, dans son bon sens et dans sa loyauté, à refuser la lutte avec la couronne pour ne voir devant lui que les ministres du 15 avril, la situation pourrait prendre un caractère effrayant de gravité.

Que s'est-on donc promis de cette lutte si imprudemment engagée ? A-t-on sérieusement espéré que le corps électoral renverrait une chambre plus dévouée que celle qui a voté les lois de septembre, et qui ne s'est arrêtée que devant les lois insensées et immorales de disjonction, de non-révélation, d'apanage, etc. ; une chambre plus réservée, plus défiante d'elle-même que celle de 1837 qui a épuisé, pour soutenir un ministère qui n'avait ni son estime, ni sa confiance, tout ce quelle avait de force et de vie? Croit-on que le pays est disposé à augmenter devant la représentation nationale le nombre des fonctionnaires, et des hommes dépendans ?

Eh bien ! que la volonté des ministres soit accomplie! que dans toute la France les candidatures ministérielles soient acceptées, que partout les députés qui ont commis le crime de résister à d'imprudentes prétentions de cour, d'être antipathiques à un ministère de favoris soient exclus ! Electeurs, remplissez la représantion nationale de tous les commis, de tous les agens qu'on vous présente comme candidats! Chargez-les de mettre en honneur et en pratique cette maxime de courtisan qui a déjà enfanté une révolution : *Le roi règne et gouverne !* Abaissez la chambre pour qu'elle puisse s'harmoniser avec le ministère du 15 avril et lui permettre de vivre! Alors plus de conflit dans le parlement, plus de résistance aux volontés de la cour ; mais aussi plus de confiance dans les institutions, plus de point d'appui puissant pour la couronne au jour de ses grandes épreuves. Le succès qu'elle aurait remporté lui serait funeste.

Messieurs, vous le savez, j'ai toujours plutôt recherché qu'évité les occasions de vous entretenir de la situation de notre pays : et cependant dans cette circonstance grave où c'est plus qu'un besoin, c'est un devoir de vous dire toute ma pensée, j'ai long-temps hésité à suivre le ministère dans le débat dangereux qu'il vient de porter si imprudemment du sein de la chambre devant le corps électoral. Mais enfin nous ne pouvions fuire cette question. Le pays d'ailleurs est en état de tout entendre et tout comprendre.

Croyez-le bien, ni mes amis, ni moi, ne voulons briser cette monarchie constitutionnelle qui est la seule forme de gouvernement, je ne dis pas seulement désirable, mais même possible dans notre France. La seule différence entre nous et nos adversaires, c'est que nous croyons qu'elle ne peut vivre dans les conditions où ils la placent. Ils veulent l'exposer au milieu de nos orages politiques, la mettre en contact direct, sans intermédiaire sérieux et puissant, avec toutes les passions qui s'agitent dans le pays ; et nous, nous voulons la placer dans une région supérieure, la mettre hors de cause dans nos débats, lui maintenir le caractère d'arbitre suprême. Ils croient, eux, élever le trône en abaissant autour de lui toutes les institutions ; ils ne veulent voir dans les ministères, dans les chambres, que des reflets, que des instrumens d'une seule volonté ; et nous, au contraire, nous voulons élever et fortifier les institutions pour consolider le trône, car nous le regarderions comme en péril le jour où il n'aurait autour de lui que des hommes corrompus et méprisés, que des institutions faussées et dégradées.

Maintenant choisissez, ce n'est plus au nom de la liberté que je vous parle cette fois; c'est dans un intérêt de conservation et de paix publique ; c'est pour mettre fin à une perturbation que je déplore, pour prévenir des catastrophes que je redoute. Plût à Dieu! dans l'intérêt même de ce qui nous traitent d'anarchistes et de révolutionnaires, que ma voix pût être entendue, comprise dans tous colléges de France, comme elle le sera par vous!   ODILON BARROT,
Électeur du département de l'Aisne.

—

Demain paraîtra la seconde publication du Comité central du Pas-de-Calais.

Il contiendra :

La brochure nouvelle de M. Guizot.

Les notices biographiques sur les députés du Pas-de-Calais.

Et un article de M. Ducroquet, agriculteur à Lambus.

Les publications des 213 se trouvent au bureau du *Progrès.*

Arras, imp. de Jean Degeorge, rue du Bloc.

Bureaux du Progrès.

LA GUERRE N'EST PAS A CRAINDRE.

M. Guizot à M. Leroy-Beaulieu,

Maire de Lisieux.

Paris, le 18 février 1839.

Mon cher monsieur ; le cabinet fait dire partout que voter pour lui, c'est voter pour la paix ; voter pour l'opposition , c'est voter pour la guerre.

Le 16 janvier dernier, dans le débat de l'adresse je disais à la tribune :

« Il y a huit ans , la France et son gouvernement se sont engagés dans la politique de la paix. Ils ont eu raison. J'ai soutenu cette politique ; je l'ai soutenue ministre et nou ministre, sur tous les bancs de cette chambre. Je suis convaincu , convaincu aujourd'hui comme alors , que la moralité comme la prospérité de notre révolution la conseillait , la commandait. Je lui suis et lui serai éternellement fidèle. »

Répétez , je vous prie ; répétez partout ce que je disais il y a un mois, ce que je répète aujourd'hui. Oui , nous avons voulu , nous voulons toujours la paix. Et la paix n'est sûre qu'avec notre politique. Le ministère qui en parle tant , la compromet.

Quel homme sensé voudrait aujourd'hui la guerre ?

Nous l'avons faite vingt ans , pour nous affranchir , pour nous établir. Nous avions besoin , nous France nouvelle , d'abord d'être maîtres chez nous, puis de prouver à l'Europe notre force et d'y prendre notre rang.

Le but est atteint , bien atteint. Nous sommes maîtres chez nous, En 1830 nous l'avons bien fait voir. L'Europe l'a reconnu. Et quant à la gloire, ce baptême des peuples, quel vieil État, quelle antique race a plus à raconter que nous n'avons fait ?

A nos fiers combats pour notre indépendance et notre rang parmi les nations, deux esprits se sont mêlés : l'esprit de propagande et l'esprit de conquête. De cela nous avons reconnu le mal ; nous n'en voulons plus aujourd'hui.

La propagande de la vérité par la force, c'est la corruption de la vérité ; la violence au nom de la liberté , c'est la ruine de la liberté, d'abord pour les vaincus, puis pour les vainqueurs. Nous ne sommes pas les fils du Coran. Nous respectons les idées, les sentimens, les institutions, les droits d'autrui, comme nous voulons qu'on respecte les nôtres. Nous avons foi dans l'intelligence et dans le temps. Nous aspirons à donner au monde le spectacle de la civilisation libre, vraie, générale, de cette civilisation vers laquelle l'Europe marche depuis tant de siècles. Nous croyons que ce spectacle est un grand exemple et suffit à notre grandeur.

La paix nous est chère dans l'intérêt de la moralité nationale. Nous souhaitons passionnément de voir régner parmi nous l'esprit d'ordre, l'esprit de famille le respect du droit, la confiance dans l'avenir. Nous honorons surtout l'intelligence, le travail, les bonnes mœurs. Nous voulons que les ambitions se règlent, que les ames s'apaisent, que les esprits s'éclairent, qu'il y ait dans la vie sociale beaucoup d'activité et peu de hasard.

Nous entrons seulement dans la carrière de la prospérité publique. Grace à Dieu, elle est déjà grande et grandit chaque jour. Notre agriculture se perfectionne, notre industrie se développe, notre commerce s'étend; mais que nous sommes encore loin de ce que nous pouvons, de ce que nous devons être! Les capitaux ne suffisent pas au travail; les lumières ne suffisent pas au bon emploi des capitaux. En tous genres, et soit qu'il s'agisse de moyens matériels ou intellectuels, d'administration publique ou d'affaires privées, que de lacunes à combler, que de progrès à faire! Progrès qui doivent pénétrer partout, se répandre sur toutes les conditions, qui ne seront vraiment satisfaisans que lorsque la société tout entière y aura pris part, et pour le travail et pour les fruits.

A tout cela il faut la paix, la paix longue, la paix assurée. C'est aujourd'hui la conviction de tous, le désir de tous. L'Europe veut la paix comme la France. En France, le pays la veut comme le gouvernement du roi. C'est l'un des plus beaux titres de notre monarchie à la reconnaissance publique que sa constance dans la politique de la paix. Et s'il est permis de parler de soi en de si grandes choses, moi aussi je me suis constamment associé à cette politique ; moi aussi j'ai proclamé et mis en pratique à cet égard, et dans les plus difficiles épreuves, la plus ferme conviction.

Mais il ne suffit pas de désirer, il ne suffit même pas de vouloir. Telle est la faiblesse de l'homme que, contre sa pensée, contre son vœu, il peut-être conduit par ses propres actes, par ses propres fautes, au résultat même qu'il redoute le plus et s'efforce le plus d'éviter.

C'est ce péril que nous fait courir le cabinet du 15 avril. C'est la conséquence de sa politique. Il compromet la paix au lieu de l'affermir.

La paix peut être compromise de deux manières :

Par une politique faible, peu digne et qui blesserait l'honneur national ;

Par une politique imprévoyante, malhabile, et qui conduirait mal les affaires.

La France est susceptible, très susceptible pour la dignité de sa vie nationale et de son attitude dans le monde. Graces lui en soient rendues! La susceptibilité publique, populaire, ce sentiment soudain, électrique, un peu aveugle, mais puissant et dévoué, c'est l'honneur, c'est la grandeur des sociétés démocratiques ; c'est par là que, malgré leurs inconséquences et leurs faiblesses, elles se relèvent et retentissent avec éclat dès que cette noble fibre est émue. Et que le gouvernement le sache bien : elle peut paraître molle, inerte, et tout-à-coup s'émouvoir, s'ébranler, et tout agiter par son ébranlement. Vous aimez la paix ; vous voulez la paix. Prenez soin, grand soin de la dignité nationale ; donnez-lui satisfaction et sécurité. Si elle doute, si elle s'inquiète, inquiétez-vous aussi pour la paix. Ses biens sont grands et doux ; mais un pays libre ne les achètera pas long-temps au prix d'une souffrance morale et d'un malaise offensant.

C'est d'ailleurs une situation si commode, une si grande force pour le gouvernement que de se mettre en sympathie avec la fierté nationale et de s'en faire un bouclier ! Que d'embarras il peut s'épargner, que de questions il peut résoudre par ce seul moyen! En toute occasion, à chaque instant, ces étrangers, à qui vous avez à faire, vous observent, vous tâtent. Qu'ils vous sachent fiers et fermes, ils mesureront, ils contiendront leurs paroles, leurs actes ; ils y regarderont à deux fois avant d'engager une question et de courir une chance contre vous. Mais s'ils vous trouvent, s'ils vous sentent un peu timides, irrésolus, enclins à éluder, à céder, croyez-vous qu'ils vous feront des conditions meilleures, qu'ils vous traiteront avec plus de ménagement ? Tout au contraire : ils insisteront, ils presseront, ils inquièteront, ils se soucieront peu de vous susciter des affaires, ils compteront peu avec vous. Et la paix, chargée d'embarras, de questions, d'ennuis, de dégoûts, deviendra de plus en plus incommode, difficile, et se trouvera enfin en péril, quoi que vous ayez fait pour la maintenir.

Que sera-ce si les affaires sont conduites d'ailleurs avec légéreté, imprévoyance, sous l'empire des premières impressions, dans le seul but d'échapper aux embarras du moment, de se ménager une réponse évasive, de sauver passagèrement les apparences ; sans cette puissance d'attention et de mémoire qui tient compte de tous les faits, sans cette prudence et cette maturité de dessein qui prévient les démarches inconsidérées, et ne sacrifie jamais à la commodité du présent la sécurité de l'avenir ?

Croyez-vous, mon cher monsieur, qu'à de

telles conditions, avec une telle conduite, en présence de la dignité nationale attristée et froissée, au milieu d'affaires étourdiment entamées et de plus en plus compliquées. la paix soit bien forte et bien sûre? Croyez vous que ce soit là vraiment la politique de la paix?

Interrogez les faits, les faits récens, avérés. Ils parlent bien plus haut que moi. Ils étaient partout, dans nos relations au dehors, la faiblesse, l'imprévoyance. la légèreté du cabinet, et leurs périlleuses conséquences. Ils montrent la paix par lui sans cesse compromise et près de nous échapper.

En Suisse, pour éloigner de notre frontière un jeune insensé, il a fallu mettre en mouvement un corps d'armée; et nous nous sommes vus à la merci de Louis Buonaparte et des radicaux de Thurgovie, qui étaient, avec quinze jours d'obstination, parfaitement maîtres de nous contraindre à faire la guerre à un peuple ami, et très utile ami.

Pourquoi ?

Parceque le cabinet n'avait pas maintenu, dans nos rapports avec ce peuple, notre bonne, notre naturelle politique, la politique adoptée par ses prédécesseurs. Parcequ'il avait entamé et conduit ses réclamations contre le séjour de Louis Bonaparte en Suisse, étourdiment, confusément, sans discernement ni prévoyance, d'une façon offensante pour la Suisse, et qui ne laissait, à la Suisse ni à nous-mêmes, aucune voie pacifique et honorable pour sortir d'embarras.

En Belgique, les choses en sont venues aux dernières extrémités. Les passions révolutionnaires ont été mises en mouvement. Le peuple belge et son roi se trouvent engagés compromis. placés entre une résistance impossible et une retraite..... peu digne.

Pourquoi ?

Parce que le cabinet n'a pas osé prendre, dès le début de l'affaire, une résolution nette et ferme; parcequ'il n'a pas su influer sur l'Europe, si cela se pouvait, pour obtenir, quand au territoire, des modifications favorables à la Belgique; et si cela ne se pouvait pas, sur la Belgique, pour la décider promptement à l'exécution du traité, et épargner ainsi aux Belges la déplorable alternative où ils sont aujourd'hui, à nous la triste attitude que nous tenons, à nous et aux Belges des inconvéniens graves et peut-être de graves périls.

Au Mexique, nous avons eu un succès, de la gloire. Le succès et la gloire n'ont rien fini. Nos compatriotes sont maltraités, opprimés, proscrits, chassés par le gouvernement mexicain plus violemment qne jamais. La lutte est devenue plus âpre et l'issue plus obscur e. Nous sommes entraînés là dans une entreprise infiniment plus grande que son motif et son but, où les moyens, les sacri-

liées, le terme sont également difficiles à prévoir. Nous sommes en guerre à plus de deux
mille lieues de notre pays, en face des déserts
et des Barbares, également en peine d'avan-
cer et de revenir.

Pourquoi ?

Parce que le cabinet n'a point prévu les
difficultés de l'entreprise; parce que, au
début, il l'a laissée languir, faute de moyens
suffisans et bien combinés; parce qu'il n'a pas
su engager là, dans notre cause, les grandes
nations commerçantes qui y avaient pourtant
des intérêts analogues, l'Angleterre et les
États-Unis, par exemple; et nous a placés au
contraire et vers elles dans une situation très
épineuse, et qui le devient beaucoup plus en
se prolongeant.

Ainsi, partout où nous avons eu des affaires,
elles se sont compliquées, aggravées. La paix
y a été compromise : la guerre en est sortie
ou bien a été ou bien est encore sur le point
d'en sortir.

Et pour un grand peuple, pour la France,
il n'y a pas moyen de n'avoir point d'affaires,
Il n'y a pas moyen de se retirer de toutes
parts comme d'Ancône, et de s'isoler comme
la république de St-Marin. La France est partout présente, partout intéressée ; partout.
quand une question survient, quand un évé-
nement éclate, il faut rester, il faut agir. Partout et toujours vous voulez la paix: vous avez

raison, la paix est excellente ; il faudrait aujourd'hui, pour la rompre, des raisons énormes, des raisons de sûreté et d'honneur national. Mais la paix, la paix qui convient à la France, est une œuvre laborieuse, élevée, qui exige beaucoup d'activité, de courage, de prévoyance, d'ascendant, qui a ses luttes et veut avoir sa gloire, comme la guerre. Si vous êtes faibles et imprudens, peu dignes et peu habiles ; si vous ne savez pas plus résoudre les questions par les négociations que par les armes, si vous les laissez s'élever légèrement ou s'engager profondément en vous montrant également incapables de les soutenir ou de les prévenir, de les trancher ou de les dénouer, ne parlez pas de la paix ; ne vous dites pas les ministres de la paix. Vous ne convenez pas plus à la paix qu'à la guerre. Vous profanez le nom de la paix. Vous compromettez sa durée. Loin qu'elle vous doive rien, c'est par vous, à cause de vous qu'elle s'abaisse et dépérit.

Je m'arrête, mon cher monsieur, car notre pays, dans le trouble bien naturel qui lui reste après tant et de si rudes secousses, redoute l'expression énergique des sentimens même les plus modérés, et croit voir de l'exagération dans le langage de toute conviction forte. Mais tenez pour certain que la politique légère et pusillanime n'est point la politique de la paix, et qu'entre les mains du cabinet du 15 avril la paix n'est pas plus en sûreté que l'honneur national.   GUIZOT.

La coterie ministérielle qui s'est prononcée contre le projet d'adresse rédigée par la commission de la chambre, projet qu'ont soutenu 213 députés appartenant à toutes les nuances de l'opinion, parmi lesquels on comptait à la fois, MM. Guizot, Persil, Dupont (de l'Eure), Arago, Thiers, Passy, le maréchal Clauzel, Laffitte, Duvergier de Hauranne, Odilon Barrot, etc. Cette coterie est un rassemblement de fonctionnaires que le pouvoir mène constamment pêle-mêle au combat, et dont la plupart serviront par devoir et par intérêt le ministère qui succédera à celui qui existe aujourd'hui.

Voici le dénombrement des 122 fonctionnaires publics qui ont voté, à la dernière session pour le ministère, et qui font partie des 221.

MM. PERRIER, président de tribunal.

GIROD (de l'Ain), colonel d'état-major.

MEILHEURAT, conseiller de cour royale.

LELORGNE DIDEVILLE, maitre des req.

GRAVIER, caissier de la caisse d'amort.

D'HAUTERIVE, sous-directeur des arch.

CHAMPANHET, conseiller de la cour roy.

Boissy-d'Anglas, intendant militaire.
Lavocat, directeur des Gobelins.
De Portes, maitre des requêtes.
Armand, ingénieur.
Espéronnier, com. de l'Ec. Polytech.
Merlin, juge.
Vergnes, intendant militaire.
Reynard, conseiller d'état.
De Fougères, recteur d'Académie.
d'Houdetot, aide-de-camp du roi.
Thil, conseiller à la cour de cassation.
Bonnefons, substitut.
Salvage, président de tribunal.
Teillard-Nozerolles présid. de trib.
Tesnières, procureur du roi.
Pougeard du Limbert, col. de gend.
Mimaud, président de tribunal.
Chasseloup-Laubat, conseiller d'état.
Tupignier, conseiller-d'état.
Lavialle, président de tribunal.
Sébastiani, ambassadeur.
Vatout, bibliothécaire du roi.
De Marcillac, maitre des requêtes.
Bugeaud, lieutenant-général.
Lamy, général.
Debelleyme, présid. de trib civil.
Maleville, conseiller à la cour roy.
Bérenger, conseiller à la cour de cas.
Desmousseaux, secrétaire d'ambas.
Salvandy, ministre.
Las Cases, conseiller d'état.

CHABAUD-LATOUR, officier d'ord.
CAZE, conseiller de cour royale.
AMILHAU, premier président.
TROY, juge d'instruction.
LAPLAGNE, ministre.
AZAÏS, président de tribunal.
FOMERON D'ARDEUIL, conseiller d'état.
JOLLIVET, avocat du trésor.
BERTHOIS, aide-de-camp du roi.
RÉAL, conseiller d'état.
JANET, conseiller d'état.
COLIN, procureur général.
POUILLET, professeur.
LAURENCE, directeur des colonies.
DURRIEU, général.
DOGUBREAU, général.
LANYER, maître des requêtes.
CONTE, directeur des postes.
LACRÈZE, président de tribunal.
GAUTIER D'HAUTESERVE, ad.r de l'oct.
PARÈS, procureur général.
CARL, substitut.
MARMIER, colonel.
JOBARD, avocat général.
BAUDE, conseiller d'état.
LAHAYE-JOUSSELIN, int. du d. d'Au.
BESSIÈRES, chef de bataillon.
PAGANEL, maître des requêtes.
MEYNADIER, général.
CHAZOT, procureur du roi.
DUBOYS, conseiller à la cour royale.

DELESSERT, Benjamin, rég. de la b.
QUÉNAULT, conseiller d'état.
Vicomte BONNEMAIN, lieut.-général.
RIBOUET, référendaire.
LEGRAND, directeur des ponts-et-ch.
DOZON, conseiller de cour royale.
BIDAULT, président de tribunal.
MOREAU, procureur général.
LACOSTE, lieutenant-colonel.
GILLON, procureur général.
JAMIN, lieutenant-général.
BERNARD, con. à la cour de cassation.
PAIXHANS, colonel.
PARANT, conseiller à la cour de cassat.
LAFOND, régent de la banque de Fr.
JOSSON, président de tribunal.
MARTIN (du Nord), ministre.
DANSE, vice-président de tribunal.
CLOGENSON, conseiller de cour royale.
GOUPIL, avocat général.
DELBECQUE, directeur de l'instr. pub·
LAVIELLE, direct. des affaires civiles.
CHEGARAY, procureur-général.
DAGUENET, conseiller à la cour royale.
LIADIÈRES, offic. d'ordonnance du roi.
LAPORTE, avocat-général.
HALLEZ, général.
SCHRAMM, général.
VERNE-BACHELARD, cons. de c. royale.
MONTESQUIOU, chev. d'hon. de la reine.
JACQUEMINOT, général.

Jacques LEFEBRE, régent de la B. de F.
JUSSIEU, secrétaire-général.
VITET, conseiller d'état.
BÉRIGNY, insp.-gén. des ponts-et-chaus.
CHASSELOUP, aîné, capitaine d'état-m.
MALLET, inspecteur divisionnaire.
LEBEUF, régent de la banque.
BERTIN DE VEAUX, officier d'ordon.
LABORDE, aide-de-camp du roi.
HERNOUX, aide-de-camp de prince.
DEHAUSSY, conseil. à la cour de cas.
DECAZES, conseiller d'état.
ROSAMEL, ministre.
PASCALIS, avocat-général.
GÉRENTE, administ. des dom. du roi.
GAY-LUSSAC, inspecteur des monnaies.
CHARREYRON, président de tribunal.
Saint-Marc GIRARDIN, cons. de l'univ.
Edmond BLANC, sec.-général de l'in.
BRESSON, intendant civil en Afrique.
CASTELLUX, chev. d'hon. de Madame.
BAUMES, maître des requètes.

C'est aux électeurs à juger si ce nombre immense d'agens du gouvernement, n'est pas une anomalie dans un régime constitutionnel, et s'ils ne devraient pas renvoyer la plupart de ces messieurs à des fonctions dont ils touchent les émolumens, sans en remplir les devoirs. On ne nomme pas un chef de division comme M. Delebecque par exemple, pour lui faciliter les chances de la députation; on le nomme pour qu'il reste dans son bureau et y fasse les affaires du pays.

Il faut être très sobre de nominations de députés fonctionnaires. Amovibles, et étant perpétuellement sous le coup d'une destitution, ils ne peuvent apporter dans le contrôle des actes du pouvoir une indépendance suffisante. Inamovibles, il est à craindre qu'ils ne votent pour le ministère pour obtenir de l'avancement. Amovibles ou inamovibles, on les voit toujours disposés à voter l'argent des contribuables ; car ils ont leur part dans les lourds budgets que nous payons.

En résumé, réduisant les 221 à leur juste valeur, et en défalquant les 122 fonctionnaires publics qui ont voté hier pour le ministère Molé et qui sont prêts à voter demain pour le ministère Thiers, Guizot, ou Barrot, que trouvons nous ?

90 députés Molétistes franchement et librement attachés au système du ministère du 15 avril, et 213 députés coalisés, se prononçant contre la continuation de ce système qui dégrade et compromet les intérêts du pays.

Demain paraîtra la 3ᵉ publication contenant deux articles :

Les petites biographies des députés du Pas-de-Calais.

Un cultivateur aux électeurs de la campagne.

Arras, imp. de Jean Degeorge, rue du Bloc.

Bureaux du Progrès.

PETITES BIOGRAPHIES DES DÉPUTÉS DU PAS-DE-CALAIS.

ESNAULT (*ministériel*, élu à ARRAS, *intrà-muros,* .

M. Esnault est un député ministériel, calqué sur le patron de M. Harlé. Il ne parle, il ne vote que par lui; c'est l'*alter ego* de l'illustre député *extrà-muros* d'Arras. La presse s'est occupée une seule fois de M. Esnault, depuis qu'il est ou plutôt depuis qu'il n'est plus député. On avait oublié de le comprendre dans la liste des députés ministériels : M. Esnault s'est fâché, et il a fait sommation au *Constitutionnel* de le reconnaître pour tel.

HARLÉ, (*ministériel*, élu à ARRAS, ancien receveur-général du Pas-de-Calais.

Voulez-vous avoir une idée d'un député toujours aux prises avec la peur, toujours pleurant sur les malheurs qui menacent notre beau pays de France, toujours proférant des malédictions contre les anarchistes qui attaquent le pouvoir, que ces anarchistes s'appellent Thiers, Guizot, Barrot ou Garnier-Pagès? Prenez pour type M. Harlé. M. Harlé est le prophète Jérémie du Palais-Bourbon. Il avait prédit la fin du monde sous Casimir

Périer ; il a renouvelé sa prédiction sous celui de M. Guizot ; sous M. Thiers, il a fait entendre les mêmes lamentations, et aujourd'hui c'est encore lui qui s'écrie que tout est perdu si la coalition triomphe. Les peurs de M. Harlé lui viennent de ce qu'il a trois cent mille francs de rente que personne ne songe à lui prendre, mais qu'il se croit toujours à la veille de perdre. Si M Harlé pouvait enlever ses terres, ses bois, ses châteaux, ses fabriques de sucre, et s'en aller avec tout ce bagage dans une ile déserte où il n'entendrait plus parler ni de la république, ni du gouvernement parlementaiae, ni de quoi que ce soit qui ait trait à la politique, il serait l'homme le plus heureux du monde ; mais, comme il est condamné à rester en France et à y jouir, sous la protection des lois qui garantissent la propriété, de la magnifique fortune que son père lui a laissée, il veut être député pour défendre son bien et résister au torrent du progrès qui doit, dit-il, le dépouiller. C'est là la fatale pensée qui le poursuit et qui explique tous les votes ultrà-ministériels qu'il a sur la conscience.

DELEBECQUE, (*ministériel*, élu à BÉTHUNE), maître des requêtes, directeur au ministère de l'instruction publique.

Nous sommes embarrassés d'avoir à parler de M. Delebecque, car nous n'avons qu'une seule chose à en dire : c'est qu'il est placé dans notre estime au même degré que M. Emile de Girardin. Depuis 15 ans, M. Delebecque a servi avec une égale fidélité tous les cabinets qui ont passé sur la France : c'est une sorte d'immeuble par destination dont aucun grand-maître n'a eu jusqu'à présent l'heureuse idée de débarrasser l'Université. M. Delebecque a corrompu la plus grande partie de l'arrondissement de Béthune. Il a voulu faire ses commettants à son image, et il y a réussi. Les bourses, les demi-bourses, les quarts de bourse, ont été prodigués à tous les électeurs qui ont épousé la cause de M. Delebecque. Béthune doit prendre une éclatante revanche, si cette ville veut échapper au flétrissant sobriquet de *Bourganeuf du Pas-de-Calais.*

P. DELESSERT (*ministériel*), élu à Boulogne.

Boulogne n'avait plus de député, et Boulogne ne voulait pas s'en choisir sans avoir pris l'avis du ministère. M. Adam, maire de Boulogne, écrit au ministère : « Qui devons-nous nommer ? » On répond à M. Adam : « Nommez M. F. Delessert, resté sur le carreau électoral du 6° arrondissement de Paris. » Ainsi fut dit, ainsi fut fait. Boulogne aida M. Delessert à se relever : la province accepta le candidat dont la capitale n'avait pas voulu. M. Delessert est un député ministériel par excellence ; il n'a jamais rien su refuser au pouvoir et on ne sait où le conduira sa malheureuse manie de tout lui accorder. Il est fort à craindre que Boulogne ne passe un nouveau bail avec M. F. Delessert, parce que M. Montalivet aura écrit à M. Adam : « Renvoyez-nous ce brave homme qui vote si volontiers pour nous. »

ROUBIER D'HÉRAMBAULT (*gauche,* élu à MONTREUIL), avocat.

On a souvent reproché à M. d'Hérambault de ne pas assister avec assiduité aux séances de la chambre, et certes le reproche était mérité. C'est le seul, du reste, qu'on ait jamais eu à adresser à cet honorable citoyen depuis sept ans qu'il représente l'arrondissement de Montreuil. M. d'Hérambault appartient à l'opposition par instinct, par conviction, plutôt que par principes. Il est, avec MM. Armand et Piéron, un des trois députés indépendants et consciencieux que le Pas-de-Calais renverra à la chambre.

ARMAND (*gauche,* élu à SAINT-OMER, *intrà-muros*), maire de Saint-Omer.

M. ARMAND est un homme qui n'a jamais fait beaucoup de bruit à la chambre. Il siège à gauche et vote avec M. Odilon-Barrot. Nous ne connaissons qu'un seul fait qui puisse lui être reproché ; c'est d'avoir peut-être trop profité de sa qualité de député pour faire nommer à un emploi de percepteur un de ses beaux-frères qui n'appartenait pas à l'administration des finances. Cette faiblesse, du reste a été rachetée par une conduite ferme et constamment indépendante.

LESERGEANT DE MONNECOVE, (*ministériel* élu à SAINT-OMER, *extrà-muros*), propriétaire.

M. Lesergeant de Monnecove a dû sa nomination à la coalition des deux oppositions auxquelles il s'était présenté comme un légitimiste plein de conviction et d'indépendance. Aujourd'hui M. de Monnecove est l'ennemi juré des coalitions, l'ennemi des légitimistes, et l'ami du ministère du 15 avril. C'est un ancien garde-du-corps, dont on s'est rendu maître avec quelques poignées de main, quelques bonjours donnés à propos; des invitations aux bals de la cour et des contredanses avec la reine des Belges. Depuis qu'il a eu l'honneur de danser avec l'une des filles du Roi, M. de Monnecove s'est rallié à la dynastie d'Orléans. Les mêmes sentimens l'ont constamment rattaché, depuis quelques années, à tous les ministres qui sont venus successivement demander à la chambre de sacrifier *à l'ordre*, c'est-à-dire, à leurs portefeuilles les libertés et la fortune de la France.

PIÉRON (*gauche*, élu à SAINT-POL, conseiller à la cour de Douai.

M. Piéron est un véritable modèle de bon député : il arrive toujours le premier à la chambre, et c'est toujours lui qui en sort le dernier. M. Piéron se recommande encore par d'autres qualités : c'est un homme qui connait la statistique de la Chambre, de manière à pouvoir vous dire : « Tel député a voté pour le ministère, tel autre a voté contre. » Il a le coup-d'œil sûr et la mémoire excellente. C'est lui qui, après les grandes discussions, dresse ces listes si instructives où les électeurs vont puiser des renseignemens sur les faits et gestes de leurs mandataires : c'est lui qui, lorsqu'on vote au scrutin secret, indique les noms des députés absents, va les chercher quand leur vote est **assuré à l'opposition**, et fortifie ainsi les colonnes de la gauche. M. Odilon-Barrot en a fait un de ses aides-de-camps, parce qu'il a reconnu en lui un député honnête et désintéressé. M. Piéron, n'a abordé la tribune qu'une seule fois. C'était pour proposer une toute petite augmentation au traitement des juges qui végètent dans les tribunaux de première instance de septième classe. La Chambre a voté cette augmentation à l'unanimité. C'est la seule fois que M. Piéron ait manqué à l'habitude qu'il a de voter pour toutes les économies qui sont proposées par l'opposition et qui peuvent se concilier avec les besoins de service et les intérêts du pays.

—

(*Extrait de la biographie de la chambre des députés publiée par* Pagnerre.

Un Cultivateur,

aux

ÉLECTEURS DE LA CAMPAGNE.

« Il faut que les défenseurs des vrais prin-
» cipes de Juillet n'envoient à la chambre que
» des hommes probes , consciencieux et dé-
» voués aux interêts de tous. »

La représentation nationale , à notre sens ,
le plus grand des trois pouvoirs qui gouver-
nent la France, vient de donner un exemple
dont le pays profitera, on doit l'espérer : depuis la première révolution, les partis se
heurtent et se brisent alternativement, sans
profit pour la société ; et il a fallu que l'immoralité du mensonge soit à son comble,
pour que la vérité se fît jour à travers le tra-
fic des consciences : des hommes, abusés par
une vaine terreur, avaient pensé, trop long-
temps, qu'il n'était pas possible de concilier
les diverses opinions qui divisent la France
et chaque parti cherchait à détruire pour
jouir de l'avantage du plus fort; aujourd'hui ,
ces hommes, éclairés par les évènemens, ont
conçu que l'organisation sociale ne pouvait

que perdre à ce ballotage continuel et ont résolu d'y mettre un terme ; plaise à Dieu qu'ils ne s'arrêtent pas en si beau chemin, et qu'ils confondent les intéressés à ne pas les imiter.

La coalition des hommes supérieurs et désabusés des diverses opinions au moment des élections, est d'un heureux augure pour leur résultat ; car, toutes les industries, qui sont ébranlées à chaque changement de système, sentiront, qu'au lieu de s'entretuer, il vaut mieux s'entr'aider, en formant aussi leur coalition. Ainsi, s'édifierait la politiqu par l'organisation sociale et non l'organisation sociale par la politique, comme des hommes de mauvaise foi la voudraient dans leurs intérêts privés.

Si l'œuvre commencée se poursuit sans arrière-pensée, les hommes de toutes les classes jouiront de l'avantage d'une régénération morale qui fera que la représentation nationale ne sera plus une fiction, car jusqu'aujourd'hui, qu'a retiré la masse de ces querelles d'opinions? Tous les maux que l'on aurait pu prévoir et éviter, si la morale n'avait jamais abandonné le sanctuaire législatif et gouvernemental. Que l'agriculture et le commerce n'oublient pas qu'ils tiennent leurs destinées dans l'esprit qui les dirigera ; et ces industries ont une telle liaison entre elles, que les souffrances de l'une sont toujours cause du malaise de l'autre, et dans ce cas la saine raison les pousse à se prêter un mutuel appui ; car elles périraient l'une et l'autre: ainsi, qu'à l'exemple des deux cent treize, elles se coalisent ; qu'elles n'acceptent pas les propositions qui tendraient à favoriser une localité , un port de mer ou une opinion au préjudice de la nation : qu'elles s'attachent moins aux opinions politiques qu'à la moralité des candidats et surtout , qu'elles flétrissent avec vigueur les hommes qui trafiquent de leur conscience.

En jetant un regard sur le passé, l'agriculteur et l'industriel reconnaîtront qu'on ne songe à leurs industries qu'en temps d'élections et que les promesses qu'on leur prodigue alors, sont inscrites dans le carton des oublis ; et tels qui distribuent de somptueux diners, en ce temps, sont avares de coups de chapeaux, dès qu'ils se sont frayé le chemin des *honneurs* ;que l'on sache, qu'aux yeux de ceux-là, nous ne sommes que de *misérables paysans*, dont ils se rient après coup : ainsi, M. Baude.

Que toutes coalitions pour la régénération morale et politique oublient le passé ; et que les mots légitimistes, républicains, doctrinaires et juste-milieu, soient sacrifiés au seul que nous devons nous énorgueillir de pouvoir prononcer, en toutes circonstances , celui de Français ; à la vérité, y a-t-il une de ces

nuances d'opinion, qui ne présente des hommes dignes de ce grand nom? et, y en a-t-il
une, qui ne présente des noms que l'on ne
prononce qu'avec mépris? Dans ce cas, toutes les opinions, de bonne foi, doivent se
réunir pour repousser et flétrir les hommes
immoraux, qui les déshonorent par le mépris
qu'ils font des lois de l'humanité dans leurs
intérêts privés: ah! qui pourrait nier que tout
tend à une décomposition sociale, par ceux
qui devraient édifier? ne voyons-nous pas que
ce qui honorait, *autrefois*, apporte la mé-
fiance au sein de la société? Le fonctionnaire, depuis le poste le plus élevé, jusqu'au plus
bas, est mis en suspicion : quand il est appelé
à faire exécuter les lois, on est forcé de douter s'il peut être admis à contribuer à leur
confection, malgré les connaissances qu'il ac-
quiert, par l'application qu'il en fait ; à quoi
cela tient-il? au servilisme introduit par le
système gouvernemental et encore, à ce que
quand on voit toutes les branches d'industries, subir les conséquences d'une mauvaise
administration, *rien ne diminue* les ressour-
ces du fonctionnaire et depuis le premier de
l'état, jusqu'au dernier, les chances de prospérité proportionnée à son emploi, n'éprou-
vent aucune altération ; tel est entré pauvre
au ministère, en est sorti *repu d'honneurs et
d'or*: les exceptions sont trop rares pour les
citer.

Dans ces circonstances, nous en appelons aux fonctionnaires de bonne foi ; ne gémissent-ils pas de se voir contraints à sacrifier leur indépendance , pour conserver l'emploi qui donne la vie à leur famille ? Le soupçon qui les poursuit ne leur soulève-t-il pas l'ame d'indignation , contre ceux qui les placent si mal dans l'opinion? Ne font-ils pas des vœux pour qu'une coalition morale fasse justice de toutes les bassesses qui progressent d'une manière si effrayante ?

Ainsi , que ceux que leur position empêche de se joindre ostensiblement à la France morale, le fassent au moins *de leurs vœux*, en attendant qu'il soit fait justice du crime de lèse-peuple.

Les besoins des peuples , maintenant , ne suffisent-ils pas pour occuper *ceux qui s'arrogent* le droit de les conduire? Ne mériteraient-ils pas leur reconnaissance , s'ils prouvaient leur désintéressement dans le désir qu'ils ont de les administrer sans leur participation? Eh ! qu'importe à la société , qui la conduit, pourvu que le chemin qu'on lui trace , soit dégagé des entraves qui l'empêchent d'arriver où les lois sociales et divines doivent la conduire? Au moment où la population s'étend , ne devrait-on pas, au lieu de détruire des industries naissantes , en créer pour remplacer celles que la nature des choses rend nulles ? Le défrichement des bois, l'aliénation des biens communaux et la filature à la main, pour les lins et les laines, annihilée pour nos fileuses et nos filatures, par l'introduction des fils étrangers, devraient occuper sérieusement pour l'avenir de la classe ouvrière : est-ce que déjà, des symptômes de fermentation, n'ont pas lieu dans diverses localités ? L'agriculture et le commerce ne sont-ils pas aussi en souffrance et n'ont-ils pas à redouter de l'avenir, si nos hommes d'état continuent de ne voir que la politique et leurs places ? que les électeurs soient prudents et qu'ils s'entendent pour prévenir les catastrophes que le système gouvernemental nous prépare, par son imprévoyance.

Les efforts que font certains journaux (6 février), pour empêcher la coalition morale de toutes les opinions et de tous les intérêts, jettent une lumière éclatante sur la nécessité de cette coalition ; car, jamais une plus grande idée d'avenir, n'a été mise à jour et la France peut espérer si elle se soutient ; lorsque ces journaux disent « qu'il faut que » l'opposition soit *tombée bien bas* dans la » considération publique et qu'elle ait perdu » même sa propre estime, pour oser étaler, » aux yeux de tous, ce mépris *de toute dé-* » *cence* et pour afficher publiquement *l'im-* » *moralité la plus éhontée !* » Ces journaux s'exprimant ainsi, disons-nous, ont bien de l'impudence! Car, qui peut être flétri de *l'immoralité la plus éhontée!* Ce sont ceux qui acceptent pour morale, de ne jamais faire d'opposition à ceux qui les paient, pour avilir la nation! Et quand ceux-là disent « *qu'ils se réjouissent* de la conduite de l'opposition », ils mentent à la France et à eux-mêmes; car, ce sera la force morale de la coalition, plus que la force numérique, qui les écrasera avec leur système vénal! et qu'ils sachent qu'il n'y a de faiblesse qu'où le courage civique manque !

Ils disent que les scènes de désordres des premières années de la révolution ont été vaincues par les armes et que le dernier coup va leur être porté dans les élections. Ce sont ceux qui les ont causées ces scènes de désordres, qui crient le plus fort aujourd'hui, et ce n'est pas par les armes qu'un pays peut vaincre *à jamais* les désordres occasionnés par un fait; c'est par la destruction de ce fait. Car les armes agissent par le pouvoir qui les dirige, et elles peuvent venir le briser à son tour; tandis que la destruction du fait par la morale, est une garantie pour la sécurité des nations; et les électeurs ont intérêt à se réunir et à s'entendre, pour assurer la réussite de cette œuvre de régénération sociale.

Nous reconnaissons, avec les journaux à gage, que deux principes, seuls, sont en présence, maintenant ; mais nous sommes loin d'être d'accord sur le mérite de ces deux principes ; car, ces journaux trouvent que la majorité est où nous ne voyons que la minorité, et une grande somme de bonheur où nous ne voyons que calamités ! Ils disent que « l'opposition tend à détruire tout ce qui » a été fait ; à plonger le pays dans un cahos » inextricable ; à renverser toutes les ga- » ranties de l'ordre social et de la proprié- » té ; » au contraire l'opposition ou plutôt la coalition, demande l'exécution franche des engagemens et le maintien de l'ordre par des mesures dignes d'un gouvernement sage, et les électeurs ne s'y tromperont pas et *n'oublieront pas*, que les candidats portés [par la coalition, sont ceux de la France, n'appréhendant pas plus, (ainsi qu'on veut l'insinuer), la république que l'absolutisme, qui ne peuvent avoir d'espoir, que dans l'immoralité du pouvoir, qui pourrait faire désirer un bouleversement, en vue d'un meilleur système ; et que nous fait à nous, qu'un homme se dise l'ami du trône de juillet, s'il repousse les conséquences de ce trône ; qu'il s'appelle doctrinaire, républicain, juste-milieu ou dynastique, s'il n'a pas conçu la révolution (que dans son intérêt) et s'il ne doit pas conduire à l'exécution de la charte, dite, *de vérité* : ce qu'il faut au pays, ce sont des hommes dévoués à la patrie, ce qui n'existe plus, hors le principe de la coalition.

L'agriculture, l'industrie et le commerce, dont on se joue si impunément, pour servir des vues et des intérêts particuliers, ont trop souffert des temps de désordres occasionnés par le manque à la foi jurée, pour ne pas employer tous les moyens d'empêcher le canon d'être intermédiaire entre les gouvernans et les gouvernés : « Ce que le pays réclame, c'est
» une paix honorable et l'ordre qui peuvent
» seuls assurer la prospérité générale : lais-
» sons donc abandonnés à eux seuls, les hom-
» mes immoraux, qui font bon marché de
» leur conscience ; qu'ils obéissent à la voix
» du déshonneur, soit ! *Leur isolement n'a-*
» *boutira qu'à un avortement.* Que les élec-
» teurs patriotes se le disent une fois pour
» toutes : Il n'y a de salut commun que dans
» un accord parfait; il n'y a de conservation
» possible que dans la coalition ; et il n'y a
» de prospérité assurée, de stabilité certaine,
» qu'en envoyant à la chambre des hommes
» dévoués aux principes moraux et conscien-
» cieux, qui amèneront la politique loyale!,
» que les deux cent treize ont réclamée avec
» tant de courage et un succès si éclatant. »

Que ceux qui ne sont pas disposés à pardonner à l'erreur des temps, soient repoussés comme indignes de contribuer à la réconciliation générale, réclamée dans l'intérêt de la masse ! Que l'on n'oublie pas, que les hommes qui n'ont pas d'opinion, ou n'en ont pas le courage, sont les plus dangereux, en ce qu'ils attendent les événemens pour tirer parti de leur servilisme et quoiqu'il soit douloureux de prévenir contre les hommes salariés, c'est un devoir, par le temps qui court, de recommander *la plus stricte* réserve, dans le choix à faire dans leurs rangs, en attendant que la liberté d'agir leur soit accordée et leur permette de prouver que, parmi eux, comme dans toutes les classes de la société, il y en a aussi, bon nombre, dignes du nom Français.

Nous nous résumons en suppliant les électeurs de réclamer de leurs candidats, leur concours pour amener la réforme électorale, celle des abus de tous genres et surtout les améliorations que la civilisation a le droit d'attendre, dans les systèmes de perfectionnemens agricoles, manufacturiers et commerciaux, dans l'intérêt des masses qui sont victimes de l'égoïsme qui nous régit.

Convaincu que notre titre de simple agriculteur, nous donnera droit à l'indulgence de ceux qui nous liront, nous terminerons dans l'espoir que d'autres, plus habiles, développeront complétement les idées que nous venons d'émettre de bonne foi et qui nous portent à voter mes amis et moi, pour M. d'Hérambault, comme conséquence du principe des 213. **Ducroquet**, Agriculteur.

Arras, Imp. de Jean Degeorge, rue du Bloc.

Bureaux du Progrès.

La politique du ministère Molé

jugée

Par les députés de la France.

SITUATION DÉPLORABLE QUE LE MINISTÈRE
DU 15 AVRIL A FAIT A LA FRANCE.

M. Guizot. *ancien ministre, ex-député,
aux électeurs de Lisieux.*

A quel spectacle assistons-nous? où en sont
aujourd'hui, au dire de tous; la France et son
gouvernement?

Au dedans :

On dit la couronne affaiblie et menacée dans
sa prérogative ;

On dit la chambre des députés affaiblie et
menacée dans sa prérogative ;

Une lutte, sans exemple depuis 1830 est
engagée entre la couronne et la chambre ;

Pendant que les pouvoirs sont en lutte, les
affaires du pays sont en souffrance. L'administration est nulle. Toutes les questions demeu-
rent en suspens ; les sucres, les chemins de
fer, les rentes, aussi bien que l'abolition de
l'esclavage et l'enseignement public. Les intérêts matériels ne sont ni mieux compris, ni
mieux traités que les intérêts moraux.

Au dehors :

J'écarte toute généralité ; je ne parle que des faits spéciaux, évidens, et j'en parle dans les termes les plus modérés;

En Italie, en Suisse, l'influence de la France a baissé ;

En Belgique, en Espagne, la situation s'est aggravée ;

Là où nous ne sommes pas compromis, c'est que nous nous sommes retirés et isolés. Là où nous sommes encore présens et agissans, nous sommes plus compromis que jamais.

Voilà quel e situation le cabinet du 15 avril nous a faite ; voilà où il a conduit en deux an , les pouvoirs et les affaires, le gouverneme nt et le pays. Et cela au sein d'une paix profonde, en présence des chambres les plus douces, malgré les incidens les plus favorabl s, sans qu'il ait rencontré aucun grand obstacle, aucun vrai danger !

Je veux que cette faveur du sort continue, que les mêmes facilités s'offrent encore, dans les chambres et en Europe, de la part des hommes et des événemens; si le cabinet demeure, qu'arrivera-t-il? ce qui est arrivé depuis deux ans : le même affaiblissement simultané des pouvoirs publics, le même trouble entre eux. la même nullité de l'administration , le même ajournement des questions, le même déclin de notre influence, le même accroissement de nos embarras.

Et un jour, je ne sais quel jour, mais un jour infaillible, viendra une réaction qui relèvera brusquement les pouvoirs abaissés, les questions ajournées, les sentimens froissés, les intérèts méconnns, et qui, aux maux qu'elle voudra guérir, ajoutera, sans qu'on puisse en prévoir la portée, ses propres maux et ses propres périls.

Le sentiment de ce mal present, la prévoyance de ce mal futur, voilà ce qui a déterminé mon opposition.

Tant que le cabinet actuel subsistera, tenez ceci pour certain, messieurs, toutes choses resteront ou seront remises en suspens et en question; la dignité et la sécurité du pays chancelleront également; vous verrez régner dans les affaires du dedans et du dehors, dans la gestion des intérèts matériels et moraux, la même imprévoyance, la même légèretè, la même faiblesse; et pour terme à tout cela, vous rencontrerez les mèmes épreuves auxquelles vous êtes appelés aujourd'hui.

C'est là le mal, messieurs, vous disposez du remède.

LE MINISTÉRE N'A SATISFAIT AUCUN DES BESOINS NATURELS DU PAYS.

M. Marchand, *ancien notaire, ex-dép.*
aux électeurs d'Avesnes.

A l'intérieur, quel vœu de l'opinion publique a été satisfait ? quelle grande amélioration matérielle ou morale a été réalisée par le ministère du 15 avril?

La réduction de l'intérêt de la dette publique, au moyen de la conversion de la rente 5 pour cent, était réclamée de toutes parts.

La chambre des députés, forcée d'user de son initiative, décréta pour la seconde fois le principe et prescrivit l'application immédiate de cette mesure, le ministère la fit rejeter par la chambre des pairs et le bienfait en est ajourné pour long-temps.

Les chemins de fer, ce merveilleux agent de la civilisation et de fusion des peuples, étaient dans les vœux de la chambre et de la France entière.

Le ministère se montra inhabile à réaliser un vœu qu'il paraissait cette fois partager.

Parlerai-je de la loi sur les états-majors, améliorée par la chambre et repoussée par le ministère à raison de ces améliorations mêmes ?

Parlerai-je des budgets toujours croissans et des dépenses improductives dont ils grèvent de plus en plus l'industrie et la propriété ?

Parlerai-je de l'exagération de ces fonds secrets, moyens de corruption déguisés sous le voile d'une prétendue utilité publique et dérobés au contrôle salutaire des chambres ?

Vous entretiendrai-je enfin du refus obstiné d'exhaussement des droits d'entrée sur les fils et les tissus de lin et de chanvre fabriqués à la mécanique et dont l'Angleterre inonde nos marchés, au détriment de nos in-

dustriels impuissans à soutenir cette concur-
rence et au préjudice de nos cultivateurs privés bientôt pour ces produits de débouchés
au dehors et de consommateurs au dedans.

Représentant fidèle de vos intérêts, organe
de vos vœux et de vos besoins, je ne pouvais,
convenez-en, appuyer de mon vote un ministère aussi impuissant à faire le bien, aussi
fécond en mesures désastreuses pour le pays.
Je me devais à moi-même, je devais à la confiance dont vous m'avez honoré, de me réunir
à ses adversaires et de contribuer à son ren-
versement.

ÉNORMITÉ DES IMPÔTS.—MAUVAIS EMPLOI
QU'ON EN FAIT.

M. Taillandier. *Conseiller à la Cour Royale de Paris, ex-député, aux électeurs de Cambrai.*

Le propre des pouvoirs faibles, c'est d'avoir
plus besoin que d'autres de recourir à la corruption. Des hommes habiles ne sont pas
dans la nécessité de mettre en œuvre la presse
stipendiée pour recevoir des hommages ; les
hommes peu capables, au contraire, veulent
être loués aussi : mais pour cela il faut de
l'argent. Aussi le ministère du 15 avril a-t-il
eu plus besoin de fonds secrets que les cabinets qui l'avaient précédé. Ne se contentant
pas des 1,200,000 de fonds secrets qui sont
annuellement portés au budget, il est venu
encore nous demander 1,500,000 fr. pour cet
usage. Je n'ai pas besoin d'ajouter que pour

ma part j'ai refusé cette allocation. Les fonds secrets me paraissent l'une des plus détestables inventions des gouvernemens modernes ; ils ne sont propres qu'à encourager la corruption, qu'a acheter les consciences, qu'à égarer l'opinion publique. Aussi faut-il peu s'étonner, avec de pareils moyens de gouvernement, de ces faits hideux qui se sont déroulés devant la justice depuis un an, et qui nous faisait monter la rougeur au front en nous dévoilant de hauts fonctionnaires publics ayant trafiqué de leur position avec un cynisme sans exemple.

Le budget, Messieurs, a appelé toute mon attention. Ce n'est pas sans effroi que je vois cette masse informe se grossissant de jour en jour. Le budget dépasse cette année 1,100 millions, auxquels il faudra ajouter des crédits extraordinaires, supplémentaires et autres, pour les dépenses qui n'y avaient pas été comprises. Le relevé des crédits demandés à la chambre des députés pendant la session de 1838 s'est élevé à la somme énorme de *un milliard cent soixante-quatorze millions six cent soixante-trois mille francs, cinquante-un centimes.* En ce moment, beaucoup d'entre vous ont à souffrir de cet accroissement périodique des demandes d'argent, par l'augmentation de l'impôt des patentes.

C'est en pleine paix, Messieurs, que l'on écrase la France sous le poids d'un tel fardeau ; et si vous jetez les yeux snr l'état de nos grandes routes, de nos places fortes, de nos édifices publics , vous vous demanderez avec moi si des sommes aussi excessives sont au moins convenablement employées.

LA POLITIQUE DU MINISTÈRE EST UNE POLITIQUE D'ABSOLUTISME ET DE PARTI.

M. Duvergier. *propriétaire, ex-dep., aux élect. de Sancerre.*

Depuis que l'ordre est rétabli et que la monarchie constitutionnelle est affermie, il a paru tout-à-coup un parti qui, s'il éxistait alors, avait du moins le soin de se cacher à tous les yeux. C'est ce parti qui, dans des écrits presque officiellement approuvés, a déclaré et déclare encore que la France serait bien mieux gouvernée si elle n'avait pas de députés , et que les électeurs qui nomment la chambre ne sont, en définitive, qu'une cohue turbulante, ignorante , animée des plus misérables passions, et incapable de porter dans ses choix aucune vue politique. C'est ce parti qui , dans la chambre même , par l'organe d'un de ses membres, vient de soutenir , à l'exemple des ultràs de 1829 et de 1830, que la chambre doit à la couronne son concours sans condition ; c'est ce parti qui dans une adresse aussi respectueuse que ferme, a prétendu voir une insulte à la royauté et presque une usurpation c'est ce parti enfin qui, sciemment ou à son insu , reprend chaque jour l'attitude et le langage de ceux qui, par leur conduite insensée , ont poussé à sa perte le dernier gouvernement. Or, pour ma part, je vois dans l'existence de ce parti . et dans les progrès qu'il fait , un danger tout aussi grand que le danger auquel , grâce à six années de luttes et d'efforts, nous avons échappé. Je regarde donc comme un devoir non moins impérieux de combattre ses envahissemees et de déjouer ses projets.

Maintenant, Messieurs, quand le ministère actuel a précisément pour soutiens les orateurs et les écrivains du parti que je viens de signaler ; quand, par son origine, par sa composition ; par sa conduite, il ne présente aucune des garanties constitutionnelles et parlementaires que le pays est en droit d'exiger; quand, enfin , plutôt que se retirer devant des échecs multipliés , il dissout la chambre en seize mois , qui peut douter que ce ministère n'appartienne au parti ultrà, et qu'il ne conspire secrètement avec lui contre nos institutions? Pour en être certain , je n'ai besoin ni des aveux de ses plus ardens zélateurs, ni des anciens écrits ou des discours récens de M. le président du conseil : les faits sont là qui me suffisent , et dont le témoignage ne saurait être révoqué.

Je viens, Messieurs, de vous faire connaître la cause principale de mon opposition. En mon ame et conscience , je suis convaincu qu'il existe en ce moment, au sein d'un certain parti, le projet de miner, de fausser, de détruire sourdement nos institutions et de substituer, autant que possible, le gouvernement du bon plaisir au gouvernement représentatif. Je suis convaincu, en outre, que les ministres actuels sont les agens les plus directs de ce projet. Or, je vous l'ai déjà dit, quand j'ai combattu la restauration, il y a dix ans, ce n'est point, comme d'autres, par haine ou par ambition : c'est parce que la restauration refusait au pays la vérité du gouvernement représentatif. Quand la vérité du gouvernement représentatif me paraît de nouveau compromise, je me dois donc à moi-même, je dois à mes opinions communes de signaler, pour qu'on s'occupe d'y porter remède , les déviations que j'aperçois.

LA COALITION VEUT RÉTABLIR LES VRAIS PRINCIPES DU GOUVERNEMENT REPRÉSENTATIF.

M. Delespaul, *substitut ex-député , aux électeurs de Lille.*

Des gens intéressés à vous tromper vous disent que la coalition est le parti de la guerre, le parti du désordre et de l'anarchie. La coalition n'est rien de tout cela, Messieurs. Elle n'a pas le dessein de renverser sans rien mettre à la place et sans autre but que celui de la destruction. Ce qu'elle veut, c'est tout simplement le maintien du système constitutionnel et de la sincérité de nos institutions. Ce qu'elle veut, c'est l'intime union des grands pouvoirs de l'état agissant dans les limites que la Charte leur assigne Ce qu'elle veut, c'est une administration ferme, habile, ennemie de la corruption et des abus, économe des deniers publics, sachant faire respecter au dehors la dignité nationale et soumise au dedans à une véritable responsabilité. Tels sont les sentimens qu'a exprimés dans son projet d'adresse, avec autant de fermeté et de dignité que de prudence et de mesure, avec autant derespect envers le trône que de juste jalousie pour le maintien de la prérogative parementaire, une commission composée des hommes les plus éminens de notre époque, de ceux qui, depuis l'établissement de notre nouvelle ère constitutionnelle, ont fait jaillir sur nos débats le plus de lumières et sur le pays entier tant d'illustration.

Si je désire aujourd'hui voir passer le pouvoir et la direction de nos affaires à d'autres mains que celles des ministres actuels c'est parce que, dans ma conviction, la paix n'en sera que mieux assurée en ce qu'elle sera plus digne, et qu'au sein d'une paix forte, solide et stable, se développeront de plus en plus le bien-être général et la prospérité publique ; les intérêts réels manufacturiers et agricoles de notre pays.

RAISONS DU VOTE D'UN 213.

M. Corne, *président de tribunal. ex-dép.,*
aux électeurs de Cambrai.

Une lutte grave et solennelle s'est engagée à l'occasion de l'adresse de 1839, je suis un des 213 députés qui ont appuyé de leur vote le projet combattu par le ministère. Les raisons de mon vote, les voici :

La politique du cabinet du 15 avril a fait déchoir la France du rang qu'elle occupait en Europe; elle a compromis nos alliances, refroidi les sympathies des peuples à notre égard, encouragé par sa faiblesse les prétentions des gouvernemens absolus, nos constans adversaires. Elle a porté au-dedans une grave atteinte à la sincérité du gouvernement représentatif, mis en usage des moyens d'action peu honorables, négligé les intérêts commerciaux du pays, abandonné à une ruine complète plusieurs industries dignes de toute sa sollicitude ; elle a constamment repoussé des économies justes, opportunes, facilement réalisables, et, d'un autre côté, n'a cessé d'accroître le chiffre des dépenses publiques.

Frappé de ces fautes et de ce mauvais vouloir du ministère, j'ai cru que je ne pouvais mieux servir mon pays qu'en provoquant sa retraite, et l'avénement d'une administration plus habile, plus ferme, plus dévouée à la cause de la dignité et de la prospérité de la France.

Le ministère condamné par nos votes consciencieux, qui déjà s'était fait justice à lui-même, en donnant sa démission, a tout-à-coup conçu l'espoir de ressaisir le pouvoir ; il a pensé avoir meilleur marché des colléges électoraux que de la chambre elle-même, qui avait trop bien pénétré le fond de sa politique. Et déjà, pour surprendre l'opinion, il a recours à d'étranges moyens.

C'est ainsi que, spéculant sur la crédulité de quelques-uns, sur le juste éloignement de tous pour ce qui pourrait compromettre le repos du pays, il nous représente comme des hommes appelant sur la France le fléau de la guerre. C'est une calomnie grossière, et dont avec un peu de reflexion votre bon sens nous vengera.

Non, nous ne voulons pas la guerre ; car nous voulons que le nom de la France soit grand et respecté au dehors, nous voulons conserver les sympathies et l'alliance des peuples ; nous voulons que notre gouvernement soit fort comme l'est la nation elle-même ; or, vous le savez, ce n'est pas aux forts que l'on s'attaque, que l'on jette des défis ; ceux-là plutôt appellent la guerre, qui nous isolent en Europe, qui abandonnent les positions prises, qui encouragent les ennemis de notre révolution par une politique molle, et par de perpétuelles concessions.

Nous sentons tout le prix de la paix ; nous y sommes attachés par nos intérêts les plus chers, nous la voulons honorable et forte, telle que Casimir Périer lui-même la voulait et la conservait à la France, même en faisant acte, vis-à-vis de l'étranger, de patriotisme et d'énergie.

EXPLICATION D'UN ANCIEN MINISTÉRIEL SUR SON ABANDON DU MINISTÈRE.

M. **Ganneron**, *ex-député*,
aux électeurs de Paris.

Vous le savez, mon concours n'a jamais manqué au gouvernement de Juillet dans les occasions décisives.

Mais lorsqu'enfin l'autorité a été raffermie, lorsque la stabilité du trône a été garantie par les lois qui font aujourd'hui sa sécurité, quand la violence des passions a été calmée, il a été généralement compris que la politique suivie jusqu'alors avec un plein succès devait se modifier avec les circonstances, et qu'une ère nouvelle devait s'ouvrir.

Le ministère a paru entrer dans cette ère nouvelle en donnant l'amnistie ; mais il s'est arrêté bientôt, et a trompé toutes les espérances qu'il avait fait naître ; c'est pour ce motif que je lui ai refusé l'appui de mon vote.

Au milieu des désordre intérieurs les plus graves, le gouvernement, sous Casimir Périer, n'hésitait pas à proclamer la franche exécution des lois, et à mettre en pratique le gouvernement constitutionnel avec toutes ses conditions. C'est en faisant entendre aux puissances étrangères un langage à la fois énergique et modéré, qu'il consolidait cette paix honorable dont nous jouissons encore aujourd'hui.

Consultez vos souvenirs, rappelez-vous les faits hardis, glorieux, les alliances utiles qui ont signalé cette époque ; comparez ensuite le présent au passé, et après avoir interrogé vos consciences , demandez-vous si c'est la même po'itique qui préside à nos destinées.

Nous ne voulons pas plus la guerre aujourd'hui que nous ne la voulions alors ; mais nous demandons que la France garde le rang élevé qui lui appartient dans le monde.

Au fort de nos discordes civiles, le ministère de Casimir Périer, comprenant qu'il ne devait chercher sa force que dans la puissance des principes parlementaires, voulait, par une noble et rare susceptibilité, . quitter parce qu'une majorité, dont je faisais partie et que je provoquai à une éclatante manifestation, ne s'éta't pas révélée assez tôt pour soutenir sa politique. Est-ce là , messieurs , ce qui se passe aujourd'hui ?

Le ministère a-t-il un programme politique ? Ne l'avez-vous pas vu, dans la dernière session, s'adresser tour à tour à tous les partis et leur demander leur appui, sans leur offrir les garanties qui auraient pu le lui mériter ?

A défaut des moyens de gouvernement naturels et réguliers, à défaut d'une majorité suffisante et dévouée, à défaut de l'influence légitime que donne une pareille majorité, ne l'avons-nous pas vu recourir à tous les expédiens que la faiblesse conseille ?

Je sais que le pays est matériellement prospère, et que les ministres se regardent comme les auteurs de cette prospérité, mais le bien-être dont le pays jouit n'est pas leur ouvrage. Ne l'ont-ils pas compromis, au contraire, par des lois d'intérêt matériel exagérées ou mal entendues? Ne l'ont-ils pas compromis par une dissolution intempestive qui prive le gouvernement dans un moment critique de l'appui moral des chambres, qui laisse en souffrance de grands intérêts auxquels une grande satisfaction était due et promise, qui inquiète enfin les relations commerciales par l'agitation qu'elle produit?

Dans une situation aussi grave, messieurs, en présence des périls que l'on fait naître, et qui peuvent compromettre les droits du trône aussi bien que ceux de la nation: J'aurais trahi mes convictions et mes devoirs, si je m'étais associé à une politique dont j'espère n'avoir pas à déplorer la continuation, dans l'intérêt de la monarchie et du pays.

PROFESSIONS DE FOI DES MINISTÉRIELS.

M. Jacqueminot a fait sa profession aux électeurs. Voici, dit l'*Europe monarchique* du 22 février, comment on peut résumer cette déclaration du chef le plus influent des 221.

« Il n'y a plus d'autre pouvoir dans l'état
» que celui de Louis-Philippe, et je sollicite
» le suffrage des électeurs, afin qu'ils me
» prennent député pour tuer les prérogatives
» parlementaires de la chambre. »

C'est aux électeurs maintenant à décider

entre les 213 et les 221 ; à savoir s'ils veulent, en renommant dans le Pas-de-Calais , MM. Harlé, Esnault, Delebecque, Delessert, et de Monnecove, faire triompher les principes de M. Jacqueminot, au mépris des droits du peuple, et ainsi se préparer une nouvelle révolution.

CE QUI PEUT SAUVER LE PAYS.

M. Thiers, *Ancien ministre, ex-député, aux électeurs d'Aix.*

Le pays, s'il comprend bien cette situation, arrêtera le gouvernement, comme les chambres ont déjà essayé de l'arrêter en 1837 et en 1839. Le pays sera aussi ferme que ses réprésentans, et, en résistant au gouvernement, il le sauvera. Il ne substituera pas, en votant contre l'administration actuelle, la guerre à la paix, le désordre à l'ordre; non, il corrigera des tendances qui seraient funestes si elles n'étaient combattues; il réveillera un peu dans les conseils de la couronne, l'esprit de la révolution de juillet, et il imprimera au cabinet une force dont il a besoin, pour résoudre au dehors des difficultés qu'une faiblesse imprévoyante a laissé accumuler,

Arras, Imp. de Jean Degeorge, rue du Bloc.

5me *Publication* du *Comité central électoral*
du Pas-de-Calais.

Bureaux du Progrès.

Tournée électorale d'un 221.

Les candidats ministériels ne se contentent
pas de se faire recommander auprès des électeurs par la préfecture et les sous-préfets, de
se faire appuyer par les percepteurs et les
gendarmes, de se faire prôner par les circu-
laires de l'administration et les journaux sub-
ventionnés ; ils font encore personnellement
des visites à domicile, et suivant les person-
nes et les circonstances, ils arrangent leur
langage et nuancent leurs opinions.

Voici le récit d'une tournée électorale faite
par un de nos 221 ministériels *quand même*
chez trois différens électeurs de l'arrondissement où il se représente pour la députation
Le candidat min. et l'électeur désillusionné.

LE CANDIDAT. — Je vais commencer ma
tournée par cet excellent voisin qui craint
tant l'anarchie et qui m'a toujours donné sa
voix, honnête commerçant qui ne demande
pas le prix de son suffrage comme tous ces
électeurs mendians qui m'importunent de
leurs sollicitations pendant les sessions. —
Bonjour, voisin.

L'ELECTEUR. — Je vous salue, M. le député.

can. — Je ne le suis plus. Vous savez que la chambre est dissoute.

élec. — Ce n'est pas ce qu'on a fait de mieux.

Can. — Je le pense comme vous, mais les ministres veulent rester et la chambre ne pouvait marcher avec eux.

Élec. — Il fallait les renvoyer.

Can. — C'eût été se soumettre à la coalition.

Élec. — Pourquoi pas ? Les transactions évitent les révolutions. Si Charles X eût congédié le ministère Polignac, la révolution de 1830 n'eût pas eu lieu.

Can. — Le mal est fait. On doit chercher le remède ; sans quoi nous tombons dans l'anarchie.

Élec. — Elle est provoquée par le pouvoir.

Can. — Mais si le peuple s'en mêle.

Élec. — Le souvenir de notre première révolution m'a long-temps fait craindre l'intervention populaire ; mais maintenant le peuple vaut mieux et le pouvoir est toujours aussi mauvais. Le peuple comprend ses intérêts et le pouvoir ne remplit pas ses obligations C'est toujours l'exploitation de la France au profit de quelques-uns. Nous nous lassons d'être exploités.

Can. — Vous ne parliez pas ainsi lors des dernières élections.

Élec. — Alors j'espérais encore dans le

pouvoir. Aujourd'hui je désespère du pouvoir.
Qu'a-t-il fait depuis huit ans ? On lui a donné
plus de huit milliards et autant de soldats
qu'il en a demandés. Cependant la France est
plus abaissée qu'elle ne le fut sous la restauration.

CAN. — On a pris Anvers, Constantine, St.-
Jean d'Ulloa.

ÉLEC. — Cela prouve qu'avec les Français
tout est possible, et qu'on pouvait faire mieux
que ce qu'on a fait pour la Pologne, l'Espagne,
l'Italie, la Belgique.

CAN — Cela regarde l'extérieur.

ÉLEC. — C'est quelque chose. Quand la
France perd sa prépondérance à l'extérieur,
elle souffre à l'intérieur. Si vous étiez encore
dans le commerce, vous sauriez cela.

CAN. — Nous ne devons pas nous découra-
ger. Plus la situation est grave, plus nous devons faire d'efforts pour en sortir.

ÉLEC. — C'est mon avis.

CAN. — Vous voterez donc pour moi !

ÉLEC. — Je vous conseille de vous faire
nommer pair de France.

Le candidat ministériel et l'électeur minist.

CAN. — L'émeute a passé de la rue dans le
parlement. La coalition est une révolte contre laquelle nous autres ministériels nous
devons marcher. Les affaires n'iront bien que
lorsque les électeurs éliront les candidats in-

diqués par les préfets, et que les députés ap-
prouveront toujours les ministres.

ÉLEC. — Le gouvernement absolu est lo
meilleur. Un seul commande, tous obèissent.
Si les abus pèsent sur le plus grand nombre ,
quelques-uns en profitent.

CAN. — Je hais les assemblées délibérantes,
et si je désire rentrer à la chambre, c'est pour
faire nombre contre l'opposition.

ÉLEC. — Je m'en doutais, car vous ne dites
jamais rien à la chambre et vous n'y faites
pas grand'chose. Vous n'en êtes pas moins un
député parfait, car vous votez toujours pour
le ministère. Je fais comme vous au conseil
municipal. Je suis toujours de l'avis du maire.

CAN. — Vous avez des collègues qui ne
sont pas aussi sages.

ÉLEC. C'est comme à la chambre. Nous
avons nos orateurs ou plutòt nos bavards.
quand on propose une dépense ils la discutent,
ils s'enquièrent si elle est utile et si on ne
pourrait pas la réduire. Ils proposent sans
cesse des économies, des réductions de char-
ges , comme si dans la commune , comme
dans l'état, chacun ne devait pas payer, beaucoup payer, toujours payer.

CAN. — Ne répétez pas cela , vous me feriez
manquer mon élection.

ÉLEC. — La voix de tous les ministériels
vous est assurée, et il y en a beaucoup qui
de près ou de loin, un peu plus un peu moins,
veulent prendre part au gâteau. Votre élec-

tion. il est vrai, coûtera cher à l'administration , mais on ne saurait trop faire pour un
candidat dévoué à tous les ministères.

CAN. — Dissimulons tout cela.

ÉLEC. — Je ne dissimule pas. Je crie sur les
toits que je préfère le pouvoir absolu, exercé
dans la commune par le maire, dans le département par le préfet, dans l'état par le
ministère. A bas les assemblées délibérantes !

CAN. — Soyez prudent et attendez. Petit à
petit nous reviendrons aux traditions de l'empire, à l'exception de la guerre que nous n'au-
rons jamais, car le ministère vent la paix
à tout prix, dut-il faire une halte dans la boue
et abandonner tous nos alliés.

ÉLEC. — A la bonne heure.

CAN. — Mais jusque-là , combattons l'opposition , calomnions ses électeurs et ses candidats, signalons comme anarchistes tout ce
qui n'est pas ministériel ; répétons sans cesse
que si les 213 opposans sont réélus nous au-
rons une nouvelle révolution , mais ne disons
pas encore que nous ne voulons point du gouvernement représentatif.

ÉLEC. — Je suivrai vos conseils. Les ministres ont récompensé votre complaisance ;
vous saurez , je n'en doute pas , reconnaître
mon zèle. Je voudrais avoir la croix.

CAN. — Vous l'aurez.

Le candidat minist. et l'electeur opposant.

CAN. — Je suis de nouveau candidat, et
comme électeur, je me présente devant mon
juge.

Elec. — C'est pour la première fois que je remplis ce devoir civique, et ce sera avec conscience. Faisons, monsieur, connaissance. Qu'avez-vous fait pour le pays, depuis que vous êtes député?

Can. — J'ai fait toutes les commissions des électeurs bien pensans de mon arrondissement. Je sollicite avec zèle, et j'ai été assez heureux pour obtenir à l'un une bourse royale, à l'autre la croix, à celui-ci un bureau de tabac, à celui-là une recette. Plusieurs ont obtenu des emplois plus importans.

Elec. — Ah! vous êtes le commissionnaire des électeurs? mais ce ne sont pas là les affaires du pays.

Can. — Ce sont au moins celles des électeurs qui me donnent leur voix. Je suis reconnaissant, mon crédit est à votre service.

Elec. — Je n'en userai pas. Je regarde la distribution des emplois et des faveurs par l'intermédiaire des députés comme le plus grave des abus. Il y a dans chaque administration des règles pour les promotions et les avancemens, dont on ne peut s'écarter sans commettre des injustices particulières, et sans nuire au bien du service général. Le ministre ne vous accorde une faveur que pour en obtenir une autre de vous. En le sollicitant, vous aliénez votre liberté.

Can. — Si le ministère proposait une mauvaise foi, je n'en voterais pas moins contre lui.

Elec. — Cependant depuis 1830 vous avez trouvé tout bien, et quoique les ministères aient souvent changé et n'aient pas tous suivi le même système, ils ont toujours obtenu votre suffrage.

Can. — Ils étaient tous, pour la circonstance, dans la bonne voie.

Elec. — A mon sens le ministère d'avril est dans une très mauvaise voie.

Can. — Vous êtes donc de la coalition ?

Elec. — Tous ceux qui veulent de la franchise dans la marche des institutions et auxquelles la patrie est chère, doivent, malgré les opinions qui les séparent, s'unir contre un ministère qui n'est ni parlementaire ni national, qui gouverne par la corruption, et qui compromet l'avenir de la France par sa condescendance pour l'étranger.

Can. — Cependant le roi garde le ministère et renvoie la chambre.

Elec. — Ne mêlons pas le roi à nos débats. Cela n'est point constitutionnel. Je ne vois que des ministres qui veulent se maintenir contre la volonté nationale, et je donnerai ma voix au candidat qui prendra l'engagement de leur refuser son concours.

Can. — S'ils ne peuvent se maintenir, je les abandonnerai, et leurs successeurs peuvent compter sur mon dévoûment tant qu'ils resteront en place.

Elec. — Alors vous appartenez à tous les ministères possibles comme les meubles de leurs hôtels. — Je vous salue.

On sait quels sont les 221 qui ont soutenu le ministère, on sait que parmi eux se trouvent 122 fonctionnaires publics *os des os, chair de la chair*, de tous les pouvoirs payants.

On sait aussi quels sont les 213 ; on a beau les calomnier, aucun électeur de *bon sens* ne pourra voir des factieux des révolutionnaires dans MM. Thiers, Guizot, Persil, Calmon, Duchâtel, Passy, Teste, Dupin, et les deux frères de Casimir Périer.

Le ministère Molé, traite la coalition d'aujourd'hui, comme le ministère Polignac traitait en 1827. les Châteaubriand, les Hyde de Neuville, les Agier, les Delalot, amis fidèles de la royauté d'alors, mais qui s'efforçaient de la délivrer de mauvais ministres, et de la prémunir contre de funestes conseils. Qui doute pourtant que, si on les eût écartés, ceux qui méconaissaient dans ce temps leur dévouement,' ne fussent encore assis sur le trône.

« Pour ma part, dit Duvergier de Hauranne, dans sa lettre aux électeurs de Sancerre, j'en ai la conviction profonde, le plus grand malheur qui puisse frapper notre royauté nationale, ce serait que les ministres qui la compromettent obtinssent des colléges électoraux la majorité complaisante qu'ils sollicitent. Exalté par le succès, le parti ultrà ne mettrait plus en effet de bornes à ses epérances, àses prétentions et, bientôt, à la vue de ses folies, éclaterait dans le pays, la plus terrible réaction.»   D.

MANŒUVRES INTIMIDATRICES, CORRUP-TRICES ET FRAUDULEUSES

Employées par l'administration pour faire nommer les candidats ministériels.

MANŒUVRES ET FRAUDES MINISTÉRIELLES.

Il y a un an environ, un homme comparaissait devant la police correctionnelle sous une prévention d'escroquerie, et le tribunal déclara qu'il avait agi d'une manière au moins indélicate. Plus tard, la cour royale condamna pour escroquerie le collègue de cet homme, et M. Emile de Girardin (est-il besoin de le nommer), est aujourd'hui l'homme le plus influent à la cour; il dirige les élections, et c'est lui qui rédige le journal ministériel le plus répandu, et qui le vend ou le donne par milliers d'exemplaires. Quand cet homme parait dans le salon d'un ministre, le banc sur lequel il s'assied devient désert; chacun et le ministre lui-même l'évite, de peur qu'il ne lui adresse la parole. Le lendemain, le même ministre, reçoit M. de Girardin et signe les ordres de celui-ci sans les lire. A mon avis, ce fait suffirait pour prouver que la coalition à raison lorsqu'elle accuse le gouvernement d'employer la corruption. Lors même que ce fait figurerait seul sur le manifeste de la coalition, un homme d'honneur devrait s'y rallier. *(Gaz. universelle.)*

— Le mot d'ordre, c'est qu'il faut enlever

à tout prix les élections qui se préparent. Le pouvoir a dit : « Ayons d'abord une chambre à nous, puis nous lui ferons ratifier les élections viciées. » Une majorité issue de la fraude, serait toujours prête à accorder un bill d'indemnité aux fraudes commises dans l'intérêt du pouvoir. *(Le Progrès.)*

— M. de Montalivet a déclaré, il y a peu de jours, à une personne qui lui parlait de la candidature d'un membre très modéré du centre gauche, que le ministère était résolu à combattre à outrance la réélection des 213 sans aucune exception de nuances. « Dussions-nous avoir, a ajouté, M. le ministre, des républicains, des légitimistes, nous les préférerions encore. C'est pour nous une affaire *d'amour-propre* d'éloigner les 213. Nous ferons tout pour y parvenir. » Que penser de ministres qui font des élections une question de cette nature, et qui sont plus occupés de sauver leur amour-propre que de consulter les intérêts et la sécurité du gouvernement ?

(Messager.)

EMPLOI DES FEUILLES SALARIÉES.

— Il est tiré chaque jour, extraordinairement, huit mille exemplaires de la *Presse* pour agir d'ici au 2 mars sur les élections. Ce journal a été distribué gratuitement aujourd'hui dans les cafés et autres lieux publics. Nous ajouterons même que les numéros ont été refusés dans plusieurs maisons que nous pourrions citer. *(Le Siècle.)*

— Aujourd'hui les journaux ministériels ont été tirés à cent mille exemplaires. Les malles-postes parties ce soir sont écrasées sous le poids des calomnies qu'elles transportent. *(Constitutionnel).*

CORRUPTION.

— On parle de trois millions prêtés à la caisse des fonds secrets par une caisse ordinairement très peu prêteuse. Le remboursement de cette avance serait hypothéqué sur le succès des élections.

— On assure que la subvention accordée au *Journal des Débats*, par tout le temps qui doit s'écouler jusqu'à la réunion des colléges électoraux, est portée à la somme énorme de *dix mille francs par semaine*. Il s'agit sans doute, de faire les frais d'un tirage extraordinaire du journal, comme pour beaucoup d'autres feuilles. Mais il n'en faut pas moins convenir que le zèle de la feuille ultra-monarchique est très-bien payé, et que le ministère est fort riche, ce qui ne nous toucherait que faiblement, si c'était de son propre fonds. *(Le Siècle.)*

— On évalue à près de deux millions les frais de cette élection générale. Cesera acheter un peu cher la chûte du ministère des long-temps condamné ; mais dans son incoyable aveuglement, il se flatte d'obtenir une chambre qui passe l'éponge sur de tels méfaits, et qui grossisse les fonds secrets pour solder les manœuvres secrètes. (*Constit.*)

—Au nombre des meilleures flagorneries de l'école gouvernementale qui s'est établie et qui fonctionne sous la raison Girardin et Cᵉ, on peut compter celle-ci. Le gouvernement pour donner le coup d'éperon aux dévouemens salariés, offre à la hiérarchie financière, par exemple, la progression suivante : Il promet Iᵉ. A tous les percepteurs de les faire receveurs particuliers; 2°. A tous les receveurs particuliers de les faire receveurs généraux ; 3°. A tous les receveurs généraux de les conserver dans leurs places lucratives. Si messieurs des finances pouvaient s'entendre et se communiquer leurs belles missives, ils seraient à même d'apprécier quelle est la valeur réelle du *picotin* ministériel qu'on leur offre en perspective.—Avis aux dévouements ministériels.

(*Le Progrès.*)

— M. Caroff, homme honorable et estimé, commis principal de la recette générale de Brest depuis quinze ans, sollicite depuis long temps une recette particulière, M. Caroff a plusieurs frères électeurs à Landernau et une nombreuse clientèle. A chaque réélection, et surtout en 1837, M. de Las Cases fils, a promis à M. Caroff cette recette particulière. Non seulement on ne tint pas parole à M. Caroff, mais M. Lacave-Laplagne écrivit que M. Caroff n'avait aucun droit que sa nomination violerait la hiérarchie administrative. Depuis qu'il est question de nouveau de la candidature de M. de Las Cases fils, à Landernau, M. Lacave-Laplagne a écrit une lettre que nous avons lue, et où il apprend à M. de Las Cases fils, qu'il a bien réfléchi à la demande de M. Caroff, que décidément sa nomination de receveur particulier ne violerait pas la hiérarchie administrative et qu'il promet de mettre la demande de M. Caroff sous les yeux du roi, aussitôt que la recette particulière de Quimperlé sera vacante. M. Caroff et ses amis seront-ils dupes d'une pareille mystification et croiront-ils à une promesse que ni M. Lacave-Laplagne ni M. de Las Cases ne pourront réaliser ?

(Siècle.)

— On fait un usage extraordinaire de tou‑ tes les feuilles des départemens qui paient en colonnes les subventions qu'elles reçoivent. On en fait un envoi régulier à tous les électeurs sous le couvert des préfets. On regarde cela comme un *service public*. (*Constitutionnel.*)

INTIMIDATION CONTRE LES FONCTIONNAIRES PUBLICS.

— Plus de 40 préfets sont arrivés à Paris, appelés soit par estafette, soit par voie télégraphique, mais toujours aux frais des contribuables. Obéissance servile ou destitution immédiate, telle est l'alternative dans laquelle on les place. (Commerce.)

— Ce ne sont pas seulement les préfets qu'on mande à Paris, une multitude de sous-préfets y sont appelés pour recevoir les firmans électoraux !   (*Constitutionnel.*)

— Tous les sous-préfets des départemens dont les préfets sont douteux ont été autorisés à correspondre directement avec le ministère de l'intérieur,   (*Le Progrès.*)

— Plusieurs receveurs-généraux et particuliers des finances ont été mandés à Paris en même temps que les préfets ; pour échapper à la révocation qu'on va suspendre sur leurs têtes, ils n'auront d'autre parti à prendre que d'aller appliquer, eux aussi, dans leurs circonscriptions, le système d'intimidation que le 15 avril vient de mettre à l'ordre du jour.   (*Le Siècle.*)

—Tous les percepteurs des contributionss ont reçu l'ordre de faire des leçons de politique *gouvernementale* aux électeurs avec lesquels ils sont journellement en rapport. Nous en connaissons personnellement que . sur leur refus de se mêler de ces tripotages , le ministère vient de transférer dans des recettes inférieures.   (*Commerce.*)

— Nous voulons des hommes dévoués à notre système , disait hier un ministre du 15 avril — Ce sont des valets que vous deman-dez ; les électeurs ne vous en enverront pas, répondit l'un des hommes les plus considéra-

bles de Paris. Nous n'en doutons pas , les
électeurs feront de ces paroles une vérité ;
l'honneur et l'intérêt du pays leur en font un
devoir.   (*L'Europe*).

DÉMISSIONS , DESTITUTIONS.

Pour compléter l'intimidation que le ministère veut exercer sur les fonctionnaires
publics, il ne se contente pas de les menacer,
il les destitue :

On cite les destitutions de M. Persil, directeur de la Monnaie, des préfets de Lille et
de Montauban, des sous-préfets de Muret,
d'Apt et plusieurs juges-de-paix.

Un grand nombre de fonctionnaires ont en-
voyé de leur côté leurs démissions.pour ne pas
s'associer aux manœuvres honteuses et coupables que le ministère exige des employés
sous ses ordres.

On cite les démissions du préfet de Lyon,
des sous-préfets de Montbéliard, de Gannat,
d'Yvetot, de Bar-sur-Aube , des juges-de-
paix, de Longueville, de Vincennes, etc., etc.

— Le plus grand symptôme de faiblesse
pour tous gouvernemens, c'est quand les fonctionnaires donnent leur démission. Les fonctionnaires sont gens stables; ils ne s'en vont
que quand l'édifice croule. Le *sauve qui peut*
des préfets et des sous-préfets est un des évé-
nements les plus significatif·   (*L'Europe*(·

— Le| *Journal des Débats* parle d'un ton
railleur des fonctionnaires publics qui don-

nent leur démission. Nous croyons, nous,
que c'est un des symptômes les plus graves en
matière de gouvernement. Ils annoncent le
triomphe inévitable de la coalition. Un homme
d'esprit disait : « Ce sont des sous-préfets du
vieux système qui donnent leur démission,
pour être préfets du nouveau système. »

(L'Europe.)

— On a trouvé entre le cabinet du 15 avril
et le ministère Polignac, les points de res-
semblances suivans : Le cabinet du 15 avril
a fait deux dissolutions comme M. de Polignac. Il exploita St-Jean-d'Ulloa, comme M.
de Polignac exploitait Alger. Il destitua des
préfets, dés sous-préfets et des magistrats,
comme M. de Polignac en destituait aussi à
la veille des élections. Il abuse du mot *coa·
lition*, comme M. de Polignac abusait du
mot *comité directeur*. Il nous menace de la
guerre, comme M. de Polignac nous faisait
peur de l'étranger. Il repousse du trône les
serviteurs les plus éprouvés, comme M. de
Polignac cherchait à rendre suspect jusqu'à
M, de Villèle lui-même. Il corrompt les électeurs comme la restauration les corrompait.

(J. de ____.)

Arras, imp. de Jean DEGEORGE, rue du Bloc.

9 782019 268954